MW00963251

Phillip C. MCGRAW

ON GÈRE SA VIE,
ON NE LA SUBIT PAS

•MARABOUT•

© 1999 Phillip C. McGraw, Ph. D.
   Titre original : *Life Strategies : doing what works, doing what matters.*
© 2001 Hachette Livre-Marabout pour la traduction française.
   Publié précédemment sous le titre : *Seul maître à bord.*

Traduction : Mathieu Fleury, avec la collaboration de Valérie Mettais.

Ce livre est dédié, avec tout mon amour et ma tendresse,
à mon épouse, Robin, et à mes deux fils, Jay et Jordan,
pour leur dynamisme et leur énergie.

« Si tout le monde était satisfait de lui-même,
il n'y aurait jamais eu de héros. »
Mark Twain

Sommaire

Oprah Winfrey, justement surnommée « l'enfant chérie de l'Amérique », est une star de la télévision américaine. Elle reçoit dans son émission quotidienne, *The Oprah Winfrey Show*, des personnalités de tous horizons. Née dans l'extrême pauvreté, elle est aujourd'hui l'animatrice de télé la mieux payée au monde. Récompensée pour son rôle dans *La Couleur Pourpre* de Spielberg, elle est aussi l'auteur de plusieurs best-sellers et se bat pour préserver les droits des enfants. L'épisode auquel fait référence Phillip McGraw montre l'influence de son émission : Oprah Winfrey fut traînée en justice par les éleveurs de bétail du Texas car elle avait animé un débat consacré à la vache folle, dont les conséquences sur les ventes de bétail avaient été immédiates.

Introduction

*« Il faut être sage. Mais ce qui compte le plus,
c'est de l'être au bon moment. »*
Theodore Roosevelt

La cible : l'enfant chérie de l'Amérique

Dans une nuit silencieuse, Oprah descendait un escalier qui n'en finissait pas. Elle était seule, ce qui était exceptionnel vu le programme très chargé que nous avions à Amarillo. Nous habitions dans une charmante maison de trois étages située à l'écart de cette ville de l'ouest du Texas, car résider à l'hôtel aurait été trop risqué ; les gardes armés qui veillaient vingt-quatre heures sur vingt-quatre autour du « camp Oprah » étaient assis dans le noir, tentant de lutter contre le froid. Ils ne pouvaient deviner qu'Oprah était éveillée ; tout était sombre et semblait endormi, on n'entendait que le faible sifflement du vent. Arrivée à la porte de ma chambre, elle tapa légèrement avec l'ongle. Je savais que c'était elle ; elle savait que je m'en doutais, alors elle ne dit pas un mot.

Minuit avait sonné depuis longtemps. Oprah s'était retirée deux heures plus tôt mais elle n'avait pu trouver le sommeil, comme nous tous en étions incapables : dans ce pays d'éleveurs de bétail, nous étions juste derrière la ligne ennemie, constamment en alerte, conscients de l'hostilité que certains clans d'Amarillo nourrissaient à notre égard. La veille, j'avais remarqué que le regard d'Oprah avait changé ; aux alentours du palais de justice, on lui avait lancé des insultes et on avait attaqué son équipe dans le seul but de l'atteindre, elle. Comme une lionne dont les petits sont en danger, elle était aux aguets. L'ennemi avait-il été trop loin ?

Quand j'ouvris la porte, elle me sembla désemparée, tourmentée ; elle avait les larmes aux yeux – ce n'étaient pas les larmes de compassion qu'elle laissait souvent échapper devant des millions de téléspectateurs. Dans son pyjama de flanelle et avec ses grandes pantoufles, elle semblait beaucoup plus jeune. Elle avait besoin de parler. La nuit allait être longue.

Dans la sphère privée comme dans sa vie publique, Oprah restait la même. Mais on ne l'avait jamais vue dans une telle situation : ce procès constituait à la fois une expérience nouvelle et une épreuve connue mais placée dans un autre contexte. D'Oprah émanaient tant d'aplomb, de sang-froid et d'optimisme qu'on oubliait parfois qu'elle pouvait être aussi vulnérable que chacun d'entre nous – moi aussi, je faisais cette erreur alors que je la connaissais si bien à présent. J'avais appris que cette assurance qui, tous les jours, impressionnait vingt millions d'Américains tenait à deux conditions : sa maîtrise parfaite d'une situation, même dans les circonstances les plus déroutantes et les plus confuses ; et l'attachement qu'elle portait à son activité. Deux conditions qui étaient loin d'être réunies ici, à Amarillo. Malgré tout, dans la crise qu'elle traversait, elle restait forte, active, ouverte.

À ce moment-là, son visage exprimait toute sa fragilité comme la détresse qu'on ressent quand on est attaqué ; elle ne se plaignait pas de son sort, ne jouait pas les victimes, non, ce n'était pas son genre, mais elle était blessée et déroutée. Nous vivions un moment étrange et pénible dans un monde irréel, où certaines valeurs semblaient avoir disparu, où les notions de rationalité, de justice et de bon sens semblaient n'avoir plus cours : des membres de notre groupe avaient aperçu des insignes « anti-Oprah » montrant son visage barré d'un trait rouge ; des autocollants du même genre étaient chose courante, à tel point qu'ils étaient distribués dans les écoles de la région ; le président de la Chambre de commerce avait été jusqu'à faire circuler une lettre parmi son personnel afin de les mettre en garde contre cette « étrangère ». Autant de marques d'agressivité qui étaient à l'opposé de ce qu'Oprah rencontrait tous les jours, à savoir respect et admiration. La vigilance était donc de règle, malgré les dizaines de milliers d'admirateurs venus la soutenir.

Oprah devait faire face à divers griefs, en particulier de fraude, de diffamation et de négligence. On l'accusa d'avoir menti, d'avoir créé une histoire à sensation sur la maladie de la vache folle et l'industrie de la viande de bœuf aux seules fins d'augmenter son audience ; son sens de la responsabilité fut mis en doute, son intégrité fut bafouée, et ses détracteurs dénoncèrent sa duplicité, faisant d'elle une femme manipulatrice et cupide. Devant la cour, ses accusateurs frappaient du poing sur la table, clamant qu'elle était indigne de toute confiance et qu'elle devait être condamnée à payer une amende de cent millions de dollars au moins. Qu'elle soit mise en cause dans sa pratique professionnelle était déjà blessant, mais que les attaques soient dirigées contre ses collaborateurs et contre elle-même, à titre personnel, c'est cela qui était le plus pénible. Elle était contrainte à rester assise, à écouter en silence les plaidoiries, et on lui interdit de faire toute déclaration publique pendant la procédure.

À mon avis, les riches éleveurs avaient engagé des poursuites afin d'attirer Oprah dans l'État du Texas et de la prendre dans les filets d'une loi fédérale ambiguë ; au moyen de manœuvres légales, ils étaient ainsi parvenus à l'amener sur leur propre terrain : Oprah, une femme noire, extrêmement riche, qu'ils dépeignaient comme l'ennemie jurée de leur profession, était désormais prisonnière à Amarillo, la capitale mondiale du bétail et, qui plus est, dominée par des hommes blancs. Tout ce qu'elle pouvait dire ou ressentir, c'était : « Je ne peux pas croire que cela est en train de m'arriver, c'est impossible. C'est trop injuste, ce n'est pas vrai. Et pourquoi ? Il doit bien y avoir une raison. »

N'était-ce pas elle qui avait refusé de céder au vent de folie qui s'était emparé des plateaux de télévision, de participer à cette mascarade ? N'était-ce pas elle qui avait choisi de rester au-dessus de tout cela ? Malgré la pression constante qu'elle avait subie, n'était-ce pas elle qui s'était engagée à rester intègre ? Mais n'y avait-il plus de justice ? Pourquoi personne ne dénonçait-il ce procès comme une imposture ? Oprah ne comprenait pas. Mais je voyais bien que si elle ne réagissait pas, et vite, elle ne s'en relèverait pas.

Comme c'est le cas pour toutes les vedettes de télévision et de cinéma, l'image d'Oprah fascinait ; les gens pensaient qu'elle était, à tous les instants, telle qu'elle apparaissait à l'écran, rayonnante, sûre d'elle-même, s'élançant pour saluer le public dans ce geste si familier tandis que la musique se faisait entendre. Mais elle n'était pas ainsi. Même si, à Amarillo, Oprah Winfrey est restée à la hauteur. Car, tous les jours, des millions de téléspectateurs s'agrippaient à ce qu'elle représentait : un rocher au milieu d'un monde mouvant et sans repères, une bouffée d'air pur. Alors, Oprah a honoré l'engagement qu'elle avait pris envers eux, elle est restée « Oprah ». Le spectacle devait continuer.

Si, à Amarillo, les nuits de janvier était souvent glaciales, le Little Theatre, lui, ne l'était pas. Chaque soir, plus de quatre cents personnes y jouaient des coudes, et il était difficile de déterminer si c'était leur excitation ou les projecteurs qui dégageaient le plus de chaleur. « Hollywood » était en ville. Au murmure d'impatience succéda un profond silence quand le réalisateur de l'émission, un casque sur les oreilles, donna le signal du départ ; une explosion de cris et d'applaudissements accueillit les premières notes du générique, qui jaillit d'immenses haut-parleurs. Quand Oprah s'avança en pleine lumière, nul ne pouvait ignorer qu'on était en présence d'une star. Tout était soigneusement préparé, de la scène à la musique et jusqu'à l'allure d'Oprah ; tout était raffiné, somptueux, élégant et à la fois simple et détendu – impossible d'échapper à la séduction. Mais cela n'était qu'un écrin pour ce sourire qui apparaissait, un sourire qui exprimait tant de joie de vivre et surtout un amour sincère pour son public et son métier. Lors des deux enregistrements qui durèrent chacun une heure et demie, les spectateurs lui rendirent cet amour au centuple : ils crièrent, tapèrent des pieds et redoublèrent d'applaudissements. Nous assistions là à de vraies réjouissances texanes. Oprah retrouvait *son* monde. Elle maîtrisait la situation, elle faisait ce qu'elle aimait, elle était Oprah, enfin.

Durant ces trois heures passées au Little Theatre, tout le monde fut heureux, et Oprah la première. On voulait la toucher, l'embrasser, essayant peut-être de lui voler un peu de sa chaleur et de son énergie qui semblait infinie. Plus tard dans la soirée, quand le théâtre fut vide, à l'heure où la plupart des spectateurs s'étaient déjà assoupis, elle restait là, seule avec son équipe, à enregistrer des annonces publicitaires – toujours au travail, toujours souriante : elle était l'enfant chérie de l'Amérique.

Dans le calme de notre maison, en pleine nuit, je voyais que cette énergie allait s'épuiser ; au sous-sol, dans la pénombre de la salle de jeux, l'enfant chérie de l'Amérique ne souriait plus. Elle s'assit près de moi, par terre, les cheveux en désordre et les bras autour des genoux. Comme hier ou avant-hier, la journée avait été si longue ; dire qu'Oprah était *fatiguée* pourrait à peine décrire ces journées qui commençaient à 5 h 30, comptaient neuf heures d'attaque en règle dans la salle d'audience et s'achevaient par l'enregistrement de deux émissions télévisées. Après cela, le sommeil qui ne venait pas. Je savais qu'« ils » étaient en train de prendre le dessus. Elle était ébranlée et luttait pour se reprendre.

Toutes les accusations proférées avaient fait resurgir des émotions très anciennes ; face à la violence du procès, Oprah avait perdu ses repères. Ses réactions et son attitude étaient humaines mais, soyons franc, elles sont devenues un véritable fléau dans la société d'aujourd'hui ; ce type de comportement peut paralyser une vie : que ce soit le vôtre ou celui d'Oprah Winfrey, dans tous les cas il mène droit au désastre.

Parce que j'étais son ami, j'avais envie de la prendre dans mes bras, de la rassurer ; tout s'arrangerait bientôt.

Mais ce n'était pas la meilleure chose à faire, je le savais ; car si elle ne réagissait pas, et dans les meilleurs délais, elle allait perdre son procès et le jugement qui serait rendu lui collerait à la peau – même s'il était injuste. De plus, cela ferait boule de neige : dans d'autres États apparaîtraient bientôt de nouveaux plaignants qui, attirés par l'appât du gain, attendraient leur tour pour la piéger. Je n'étais pas là pour la plaindre, pour lui prêter une oreille complaisante. Non, mon rôle était celui d'un stratège mettant au point un plan qui rallierait les esprits et les cœurs du jury à notre cause et qui nous permettrait donc de gagner.

Nous avons tous un talent : tandis que certains bâtissent des maisons, moi je construis des stratégies de vie, j'étudie la nature humaine et le comportement. Avec Gary Dobbs, mon associé, mon meilleur ami et, selon moi, le meilleur avocat des États-Unis, je conçois des plans afin d'aider les gens à obtenir ce qu'ils veulent. Voilà tout ce que je fais, et si c'est de *votre* vie qu'il est question, les enjeux sont toujours considérables. Pour Oprah, ils étaient immenses. Arriver dans le cours d'un procès qui vaut cent millions de dollars n'était pas très confortable ; depuis des mois, j'avais donc élaboré une stratégie dont le but était de faire jaillir la vérité ; Oprah y tenait un rôle essentiel car, sans elle, nous pouvions perdre ce procès. C'était perdre gros.

Nous avions besoin d'elle, de ce concentré d'énergie qui la définit si bien – et nous en avions besoin *immédiatement*. Préparer Oprah était une partie décisive de ma mission ; bien que la vérité fût de son côté, il ne fallait pas être dupe : la cour était loin d'être impartiale. Ce procès, c'était comme dans la vie : si vous n'avez pas échafaudé un plan, un très bon plan, vous n'aboutirez à rien. Je ne pouvais pas attendre davantage, le procès était très engagé et allait en s'accélérant ; des décisions étaient prises, des desseins étaient exécutés, des témoins étaient entendus. La presse, les plaignants, le jury et même nous, ses défenseurs, attendaient qu'elle présente sa vision des choses. Mais Oprah était tourmentée, obsédée par ce qu'elle considérait comme la démence de ces événements ; elle était dans un déni de la réalité. Sans son entière collaboration, Charles « Chip » Babcock, un avocat très doué, spécialisé dans ce type de procès médiatiques, ne parviendrait pas à exécuter notre plan ; tous les jours, il me répétait : « Est-elle prête ? » Il n'existait pas de meilleur avocat que Chip Babcock mais il savait fort bien que ce procès allait être difficile parce qu'Oprah n'était pas dans son élément.

Assis en face de cette femme que j'admirais tant, je me creusais la tête pour trouver ce qu'il fallait lui dire ; nous avions déjà beaucoup parlé, analysé et travaillé mais Oprah continuait à chercher le pourquoi de cette histoire. Ce que je savais, c'est que ce « pourquoi » importait peu ; nous étions là et elle était dans le pétrin. Finalement, j'ai pris sa main et je lui ai dit : « Oprah, regarde-moi bien. Réveille-toi, réveille-toi *tout de suite*. Ceci est la *réalité*. Réagis et entre dans le jeu. Sinon, ils te mangeront toute crue. » Quand vous êtes l'une des femmes les plus influentes de la planète, sans doute n'arrive-t-il pas souvent qu'on vous lance vos quatre vérités en pleine figure. Un instant, j'ai vu passer un éclair de colère dans ses yeux. Je comprenais que cette colère n'avait rien à voir avec moi ; Oprah méritait ma franchise : procéder autrement aurait été malhonnête, il fallait lui dire la vérité de telle manière qu'elle puisse l'entendre. Bien que je sois quelqu'un de direct, il m'était difficile d'être si brusque avec elle, mais Oprah me connaissait bien, elle savait que mes intérêts étaient également les siens. Elle me regarda fixement et, avec une détermination que je n'aurais pas imaginée, elle répondit : « Non, ils ne m'auront pas. »

Je suis convaincu qu'à ce moment précis les éleveurs ont perdu leur procès. Jusqu'ici, Oprah débattait à propos de l'injustice de sa situation plutôt que d'accepter la réalité : au lieu de se concentrer sur ce qu'elle avait à faire pour gagner, elle avait été happée par des considérations d'ordre philosophique. Dès le début de l'affaire, Oprah était convaincue de la justesse de son action ; elle croyait fermement au premier amendement de la Constitution, selon lequel elle était libre d'ouvrir un débat sur la santé publique, en particulier sur notre approvisionnement – que cela plaise ou non à l'industrie florissante de la viande de bœuf. Mais la perfidie des plaidoiries avait été si grande qu'elle en avait été déstabilisée, à tel point qu'elle avait tout simplement cessé d'être Oprah Winfrey. Elle se battait avec sa tête, non avec son cœur. Toutefois, plusieurs de ses décisions jouaient en sa faveur : amener son émission à Amarillo, être présente tous les jours à son procès, étudier son déroulement tous les soirs. Mais elle croyait que, puisque cette poursuite était injuste, quelque chose allait faire disparaître le problème.

Les attaques subies par son équipe l'avaient aussi ébranlée car elle considérait les gens de Harpo Productions comme des membres de sa propre famille. Préoccupée par le fait que ces accusations n'avaient aucun fondement, elle avait baissé les bras ; je voyais bien qu'elle se laissait déposséder de son identité par ses accusateurs et le système judiciaire. Si elle comparaissait à la barre dans un tel état d'esprit, incertaine et tourmentée, elle ne pourrait faire face à trois jours de contre-interrogatoires des plus pénibles ; dépourvue d'une solide stratégie incluant des objectifs précis, sans doute aurait-elle donné une mauvaise impression aux jurés, qui se seraient interrogés : « Si Oprah n'est pas sûre d'elle-même, comment le serions-nous ? »

Cette nuit-là, Oprah affronta ses démons ; tandis que certains avaient été déchaînés par le procès – par la suite, elle a considéré que ce combat était à l'image de son existence même –, d'autres s'étaient réveillés, surgissant de son passé. Elle avait le choix : soit elle continuait à refuser la situation parce qu'elle ne l'aimait pas, soit elle s'y opposait et tenait tête à ses adversaires. Dès qu'elle se débarrassa de ses œillères et accepta de *faire face* à la situation plutôt que de *débattre*, la véritable Oprah revint parmi nous. Elle comparut devant la cour, regarda les jurés dans les yeux, leur dit la vérité, et son message fut limpide : « Messieurs, si mon émission vous dérange, dites-le-moi clairement. J'en porte l'entière *responsabilité*. Si vous avez quelque chose à dire, adressez-vous à moi et *laissez* mes collaborateurs tranquilles. Vous vouliez me faire venir dans votre ville : me voici. Je ne m'enfuirai pas, je n'abandonnerai pas, je ne me laisserai pas intimider. » Oprah Winfrey est une femme formidable. C'est une gagnante. Quand elle se décida à s'attaquer au problème et à se défendre, elle et ses convictions, ses adversaires furent perdus. Définitivement.

Chapitre I

Soyez réaliste

« Si on reste centré sur soi-même,
on ne peut pas saisir la réalité. »
Mark Twain

Vos problèmes ne vont pas, je pense, faire la une des journaux ni passer à la télévision ; je sais que vous n'êtes pas une vedette internationale dont les médias traquent jour après jour les procès et toutes les tribulations. Toutefois, comme Oprah, vous êtes confronté en permanence à de nombreuses difficultés. Et peut-être estimez-vous que ce que vous vivez est injuste – sans doute avez-vous raison. Comme Oprah, vous trouvez que le monde ne tourne pas rond, que la lutte entre les bons et les méchants est loin d'être équitable.

Parfois, les hommes ne sont ni honnêtes ni disponibles : cela fait partie de la réalité, tout simplement. C'est triste, mais plus vous aurez de succès, plus vous serez critiqué. Dans un cas comme dans l'autre, que ce soit ou non fondé, *vous seul* êtes en mesure de vous aider. Croyez-moi : si vous ne faites rien pour comprendre et résoudre vos ennuis, on ne le fera pas à votre place ; vous découvrirez que l'unique personne que vous devrez affronter, c'est *vous-même.* Sans doute pressentez-vous que dans cette guerre appelée l'existence, les batailles les plus décisives se dérouleront en vous.

Admettons tout d'abord qu'un problème est d'autant plus crucial qu'il est le *vôtre* : le vendeur travaillant dans le magasin situé à quelques pas du studio d'Oprah Winfrey se soucie peu de savoir quelle crise elle traverse à Amarillo et si son intégrité a été bafouée – tandis que pour Oprah, c'est capital. De la même façon, vos voisins ne s'inquiètent guère de vos soucis – cela ne signifie pas qu'ils vous détestent ou qu'ils sont sans cœur. La nature humaine est ainsi faite : chacun place en avant ses propres préoccupations. Dès lors, c'est à *vous* et à vous seul de considérer vos difficultés. N'allez pas non plus minimiser la gravité de vos problèmes ni vous en excuser ; la société nous a conditionnés à ne jamais faire de vagues… Éviter les complications, ne pas perturber le cours des événements, se contenter de son sort en silence : voilà comment nous procédons le plus souvent. Mais si une difficulté devient sérieuse, cela suffit pour la prendre en compte : elle est importante parce que *vous* êtes important. Si je me foule la cheville et qu'à l'hôpital, mon voisin de lit a la jambe amputée, c'est affreux, mais ma cheville n'en souffre pas moins.

Votre vie peut changer – mais vous ne possédez pas encore les outils et la détermination nécessaires. Restez avec moi et gardez toujours à l'esprit que vos difficultés comptent vraiment, que ce livre a quelque chose à vous apporter. À ce stade de votre lecture, vous ne savez pas encore très bien où ces réflexions vous mèneront : et si cet ouvrage contenait tout ce qu'il vous faut pour réussir dans la vie ? Vous fermer et refuser de voir, n'est-ce pas là le meilleur moyen de rater la chance de vous en sortir ? Tentez au moins l'approche que je vous propose.

Tandis qu'elle témoignait d'une grande expérience professionnelle, Oprah ne savait rien du monde judiciaire. Elle était prête à admettre son ignorance, se montrait disposée à acquérir des connaissances nouvelles : quand elle se décida à apprendre les règles, elle devint alors l'artisan de sa propre victoire. Il en est de même pour vous : entrez dans le jeu, vous serez surpris des résultats. L'exemple du procès d'Amarillo est tout à fait pertinent car il est à l'image de la vie, lorsque quelqu'un tente de prendre quelque chose à quelqu'un d'autre. Voilà pourquoi je vous ai raconté l'histoire d'Oprah, qui condense une série de précieuses leçons.

Les procès et nos vies ont ceci de commun que tous deux sont gouvernés par la rivalité. Au moins, dans un procès, tout est clair : à l'issue des débats, il y a un gagnant et il y a un perdant qui y laisse souvent sa liberté ou son argent. Quand un conflit éclate, quand le monde s'acharne contre vous – que ce soit lors d'une plaidoirie ou dans votre existence –, assurez-vous, avant le début du combat, de posséder une excellente stratégie *et* de connaître toutes les règles du jeu. Sinon, soyez certain que vos adversaires rafleront tout, s'empareront de votre salaire, séduiront l'élu(e) de votre cœur et ne manqueront jamais une occasion de prendre votre tour.

Posez-vous cette question : avez-vous une stratégie de vie ou laissez-vous aller à l'aveuglette, au jour le jour, acceptant votre sort et prenant ce qui vient ? Si tel est le cas, vous êtes en dehors de la course, votre attitude ne vous mènera jamais au succès. Rien de bien mystérieux à cela, ce sont les faits. Munissez-vous d'un plan et d'un bon itinéraire, et demandez-vous :

- « Suis-je dans la bonne direction ou suis-je en train de m'égarer ? »
- « Mes actions correspondent-elles à mes *désirs* ou ne sont-elles que machinales, répétant ce que j'ai déjà fait ? »
- « Ai-je ce que je souhaite ? Je m'en contente sûrement parce que c'est facile à obtenir, parce que c'est sécurisant. Ai-je peur d'obtenir ce que je veux *vraiment* ? »

Ce sont des questions difficiles, je le sais, mais n'en connaissez-vous pas déjà les réponses ?

L'épidémie

L'expérience d'Oprah est riche d'enseignement. Ce qui rend cette femme si chaleureuse et si sympathique, c'est qu'elle est vraie, humaine et aussi vulnérable que nous tous. À Amarillo, ses premières réactions ressemblent à celles que d'innombrables personnes adoptent dans leur quotidien ; en réalité, telle une épidémie, ce comportement s'est propagé partout, affectant les ambitions et les rêves de millions de gens, jeunes et vieux, avisés ou non.

La différence entre Oprah et eux réside sans doute dans le fait que cette dernière gérait si bien sa vie qu'il a fallu, pour l'ébranler, une crise grave : un procès pesant cent millions de dollars, des attaques personnelles, une position surmédiatisée. Même si vous ne subirez rien de tel, l'exemple est à méditer ; peu importe où vous en êtes, que vous souhaitiez améliorer une existence déjà agréable ou vous sortir du désespoir, je peux venir à votre rencontre pour vous aider : cet ouvrage vous apportera tous les outils nécessaires. Un examen approfondi de vos attitudes négatives comme de votre stratégie actuelle – si vous en possédez une – sera plus qu'éclairant : il constituera le point de départ de votre nouvelle « stratégie de vie ». Cette introspection sera déterminante car elle signifie que vous êtes déjà *responsable de votre propre vie*.

La majeure partie d'entre nous tentent de vivre en se voilant la face, évitant les questions pénibles, refusant de percevoir leur véritable personnalité et ses travers. Ma position est la suivante : laissez donc les autres se perdre dans les brumes, ôtez vos œillères et regardez la vérité en face. Quel était le type de comportement qui menaçait Oprah et qui aujourd'hui est si répandu ? Qu'est-ce qui va réduire à néant cet espoir de changer votre vie et d'accéder enfin à votre désir ?

Du déni à l'inertie

La première constante est le déni de la réalité : tandis qu'Oprah s'obstinait à ne rien voir, cette réalité continuait d'être là ; plutôt que de prendre le problème à bras-le-corps, Oprah en était à évaluer l'injustice de la situation. Sa réaction était logique car elle était assurée du bien-fondé de ses convictions et repérait parfaitement les motifs cachés de ses adversaires. Mais notre monde est loin d'être toujours logique ; vous êtes souvent contraint de composer avec ce qui *est* et non pas avec ce qui *devrait* être. Ainsi, Oprah trouvait déplorable de participer à cette affaire qu'elle considérait comme une perte de temps pour tout le monde ; jamais elle n'aurait décidé de venir à Amarillo :

cela faisait partie de son processus de déni. Car on n'a pas toujours le choix.

Imaginez qu'un soir vous alliez dans un bon restaurant ; en entrant, vous ne pensez pas à vous bagarrer, n'est-ce pas ? Imaginez encore que vous attendiez dans le hall et qu'un énergumène vous cherche des noises et vous menace. Devinez quoi ? Vous voilà en pleine bagarre. Vous devez agir vite car, que vous le vouliez ou non, cet homme va vous frapper.

Le déni se manifeste de deux façons : soit vous refusez de voir ce qui se passe, soit vous le voyez mais refusez d'agir parce que la situation vous dérange. Dans les deux cas, ce déni de la réalité est dangereux et constitue une erreur stratégique courante, aboutissant à des résultats malheureux.

La deuxième constante vise à échafauder des hypothèses sans prendre la peine d'aller vérifier leur fondement. Oprah *présumait* que, le procès étant injuste, la vérité allait éclater, et que cette histoire finirait d'elle-même. Elle *présumait* que le système judiciaire révélerait l'insignifiance de l'affaire. Elle *présumait* encore qu'une personne haut placée interviendrait pour dénoncer la malhonnêteté et la cupidité des éleveurs. Elle s'accrochait à ses suppositions, mais si elle les avait analysées froidement, peut-être en aurait-elle saisi plus vite les failles. À ne faire confiance qu'à soi-même et à ses propres convictions, on se coupe vite des autres possibilités.

La troisième constante est l'inertie, engendrée par la peur et le déni. Vous êtes en plein vol, dans un avion bondé ; une panne est déclarée, l'appareil perd rapidement de l'altitude. Le pilote reste tranquillement assis dans sa cabine et se dit : « Je ne peux pas croire que c'est vrai. D'une minute à l'autre, Dieu va intervenir. » Ou bien : « Ce n'est pas si terrible que ça. Je n'ai jamais eu d'accident auparavant. Quelque chose va se produire et nous sauver. » Si vous niez des problèmes trop difficiles à accepter, si vous les laissez vous déborder, vous allez droit à l'échec. Oprah Winfrey devait tout d'abord saisir la nature et la portée du défi avant de pouvoir le relever. À votre tour, comprenez bien vos objectifs avant de mobiliser tous vos efforts. L'inertie vous ôte vos principales ressources.

Le masque

Un autre type comportemental consiste à se cacher derrière un masque. Comme nombre d'entre nous, Oprah porte quelquefois un masque ; elle semble si sûre d'elle qu'on oublie qu'elle aussi a besoin des autres. En effet, on se compose parfois une apparence inébranlable, car être désarmé et l'avouer nous semble constituer une faiblesse. Mais attention, en agissant ainsi, vous vous coupez du monde : compte tenu de l'image forte que vous leur adressez, les autres n'iront pas vers vous.

Beaucoup de gens refusent également d'admettre que choisir une conduite, c'est aussi choisir ses effets. Si Oprah s'était davantage concentrée sur l'injustice de sa situation, elle aurait perdu temps et énergie, deux éléments décisifs pour résoudre son problème. Peu importent les raisons qui l'avaient poussée, elle avait *adopté* cette conduite-là – le déni de la réalité – ainsi que ce qui en découlait : perdre du terrain. Mais par un heureux et spectaculaire revirement elle avait décidé d'affronter enfin son problème. Elle fit le choix de passer à l'action et en choisit l'issue : remporter la victoire.

Très répandues et reliées entre elles, ces erreurs conduisent au naufrage quand elles sont associées à un concours de circonstances malheureux. Plus grave est la difficulté, plus funestes en seront les répercussions. Rappelez-vous certains événements qui ont marqué votre vie : qu'avez-vous obtenu en restant dans le déni ou en prenant des décisions non fondées ? Qu'est-il arrivé lorsque vous étiez inerte, lorsque vous portiez un masque ? Avez-vous franchi les obstacles ? N'avez-vous pas empêché les autres de vous aider ? Et, plus important encore : avez-vous fait des choix responsables de conséquences désastreuses ? Vos problèmes étaient-ils bénins ou alarmants ?

Sans doute avez-vous connu des gens qui allaient droit à la catastrophe, et votre première réaction a été : « Mais qu'ont-ils donc dans la tête ? » Je prédis qu'après avoir refermé ce livre vous aurez suffisamment de recul pour penser : « Comment ai-je pu être aussi aveugle ? Comment ai-je pu faire de tels choix ? » Votre défi consiste en partie à déterminer l'influence que les modèles négatifs ont fait subir à votre vie et à vos aspirations : sont-ils toujours actifs ou sommeillent-ils, vous empoisonnant la vie ?

Notre quotidien est rempli de tragédies, de rêves brisés ou d'existences entières détruites par un déni de la réalité – des parents ne veulent pas reconnaître que leur fils se drogue, jusqu'au jour où il meurt d'overdose ; une femme refuse d'admettre son cancer du sein, jusqu'au moment où elle apprend qu'il n'est plus opérable. Dans l'ensemble des cas, les résultats sont toujours les mêmes ; rien ne s'arrange tout seul. Loin d'être une expérience passive, la lecture de cet ouvrage met en place un processus dynamique : les principes clés des différents chapitres s'appuient sur les thèmes développés dans les chapitres précédents et, à chaque étape, votre rôle est résolument actif.

EXERCICE N° 1

Remettez en cause vos convictions. Dressez la liste des cinq points principaux que vous avez peur de vous avouer parce qu'ils sont pénibles, douloureux. Cette résolution requiert une nouvelle façon de penser. Vous vous dites : « Je peux les énoncer, donc je les reconnais » ou : « Si je refuse de les voir, comment les formuler ? » Posez-vous ces questions difficiles.

Notez-les avec précision dans votre journal de bord car vous en aurez bientôt besoin.

Tout au long de votre lecture, vous aurez souvent à écrire ; aussi, munissez-vous d'un « journal de bord », par exemple un cahier à spirales, dans lequel vous consignerez l'ensemble des exercices. Ce journal devra rester confidentiel ; c'est à cette condition que vous gagnerez la liberté de votre honnêteté.

Revenons à la liste. Les points que vous venez de noter constituent en partie les effets de votre conduite, je suis prêt à le parier ; de même, la différence essentielle entre vos problèmes et les « horreurs » rapportées par les médias réside dans l'issue et non pas dans l'action. À y regarder de près, ce que vous avez fait et ce qui est indiqué dans le journal, n'est-ce pas la même chose ? Par exemple : conduire trop vite en plein centre-ville, laisser vos enfants seuls tandis que vous allez chez le voisin « juste pour une minute », prendre le volant après une soirée bien arrosée alors que la sagesse aurait été de confier vos clés à quelqu'un d'autre, avoir un rapport sexuel non protégé, falsifier votre déclaration d'impôts. Les faits divers concernent souvent des personnes qui ont agi comme vous mais qui, du fait d'une conséquence malheureuse, finissent en prison, assistent à l'enterrement de leur fils ou sont contaminés par le sida.

Peut-être avez-vous déjà conduit en état d'ivresse, avez-vous déjà frôlé les 150 km/h, et rien ne vous est arrivé, contrairement au chauffard qui a écrasé un enfant et que vous avez vu au journal télévisé. Peut-être n'aurez-vous jamais de contrôle fiscal, contrairement à tel autre qui s'est fait prendre. Et, après votre escapade chez le voisin, vous avez retrouvé vos chers petits sains et saufs. Cela ne signifie pas pour autant que votre conduite a été meilleure : cela veut dire que vous avez eu de la chance, tout simplement. À gérer ainsi votre vie, vous jouez avec le feu ; en réalité, vous ne vous en tirez pas aussi bien que vous le pensez.

Votre existence, vos choix et vos agissements se déroulent dans un contexte particulier qui s'appelle la société ; le monde d'aujourd'hui étant ce qu'il est, la naïveté ou l'insouciance sont synonymes de difficultés. Vous n'êtes pas dans un conte de fées. Si vous entendez des gens parler de *coke*, il est fort probable qu'il ne s'agit pas d'une boisson gazeuse ; si vous proposez à votre ami(e) un bain de minuit, vous risquez d'être arrêté pour violation de propriété privée ou, pire, de devenir radioactif après votre plongeon dans un bassin de déchets toxiques... Les temps ont changé et notre environnement ressemble à une sorte de jungle. Je suis désolé de passer pour un cynique mais j'ai raison, et vous le savez. Le monde que nous avons créé est radicalement différent de celui de nos parents et de nos grands-parents ; à l'aube du nouveau millénaire, il connaît les transformations les plus rapides et les plus radicales de toute l'histoire de l'humanité : c'est une sorte de missile lancé sans aucun contrôle.

Tout cela est un vaste gâchis. Nul n'a besoin d'un doctorat en psychologie pour diagnostiquer que les États-Unis ont échoué dans la plupart des domaines : selon certains experts, le pourcentage des divorces atteint 57,7 % et la durée moyenne d'un couple d'aujourd'hui dépasse à peine deux années ; 62 % des habitants sont obèses ; les cas d'enfants souffrant de carence affective ont progressé de 330 % en dix ans ; le taux de suicides augmente de façon vertigineuse ; près d'une personne sur six fera une dépression grave – rien d'étonnant à ce que l'industrie des antidépresseurs et des anxiolytiques fasse fortune. La violence est omniprésente, non seulement dans la rue mais aussi à la maison ; chaque année ont lieu près de quarante millions de délits graves : 74 % d'entre nous seront victimes de cambriolages et 25 % de violences. Les adolescents sont sur la mauvaise pente : les 14-17 ans commettent environ quatre mille meurtres par an ; plus de 57 % des directeurs d'écoles primaires et secondaires rapportent aux autorités au moins un méfait de type crimi-nel. Les statistiques sans doute les plus tristes concernent les enfants : 45 % des petits Américains ont consommé de l'alcool et 25 % ont touché à la drogue.

Notre société est perdante sur toute la ligne. Nous ne savons plus gérer nos émotions et prétendons montrer l'exemple à nos descendants ; de peur d'être jugés, nous nous évertuons à renvoyer une image positive – « Je vais bien. Je n'ai pas de problème. Je vais m'en sortir. » Non, nous n'allons pas bien et il est grand temps de changer le monde, ne serait-ce qu'une vie à la fois car Dieu seul sait ce que ce millénaire nous réserve. Si vous voulez être un gagnant plutôt qu'une statistique, allez-y : retroussez vos manches car cela ne sera pas facile.

Tandis que nous avons tendance à dissimuler nos propres problèmes, nous jugeons ceux qui ne le font pas ou qui en sont incapables. Mais réveillons-nous, cette méthode ne fonctionne pas ; nous avons tout oublié des lois essentielles de la vie – en particulier de la vie en société –, à tel point que nous les violons constamment. Je suis convaincu que les lois qui gouvernent le monde n'ont pas changé. Vivre dans l'ignorance a entraîné de graves complications, et nous voici désormais dans une société qui, désespérément, attend des réponses, une direction à suivre, un savoir – et comptez sur nous pour répondre à cette attente de façon souvent malheureuse ou grotesque, ou les deux !

Si vous souhaitez connaître la cause de cet étiolement, étudiez quels types de « solutions » sont aujourd'hui proposés. Ainsi, je n'aime pas beaucoup la pratique actuelle de la psychologie, devenue trop confuse, trop détachée de la réalité ; peut-être conviendrait-elle à ceux qui, enfermés dans une tour d'ivoire, ont tout loisir de débattre de principes incertains et abstraits – mais ce n'est pas ce que vous cherchez. Vous évoluez dans un monde réel, vos problèmes sont bien là, les changements sont vraiment nécessaires. Ce n'est pas assez que d'approfondir vos difficultés ; vous devez les résoudre, et vite. Prenez comme exemple l'industrie de la « découverte de soi » et de l'« épanouissement » qui domine notre culture ; en réalité, cela a fort peu à voir avec l'épanouissement mais beaucoup avec les intérêts de quelqu'un d'autre. Cette approche est souvent imprécise, politiquement correcte et, par-dessus tout, elle s'est transformée en un pur produit de consommation ; des sortes de gourous semblent tout offrir, sauf une stimulation active. Tandis que vous peinez pour payer votre loyer et offrir à vos enfants l'université plutôt que la prison, ils vous demandent de travailler votre « moi intérieur » ou je ne sais quoi.

On vous vend un « développement personnel » comme on vous vend n'importe quoi : c'est facile, cinq étapes suffisent, cela ne peut pas rater puisque vous êtes une personne formidable, vos résultats seront immédiats – c'est tout, tout de suite… Ce bavardage psychologique est polluant ; nous le payons cher, et de plusieurs manières. Je dis bien « polluant » parce qu'au lieu de nous débarrasser de nos subterfuges habituels, destinés à ne rien savoir de l'existence, il nous offre une série de nouveaux prétextes. Résultat : encore plus d'inconséquence, davantage de problèmes.

L'une des finalités de la psychologie est de repérer les troubles du comportement ; mais les termes utilisés aujourd'hui le sont de manière tellement abusive qu'ils gênent le diagnostic des cas graves : à une mère se désespérant de l'attitude d'un enfant gâté, on répond qu'il est « hyperactif » ou que son désir de reconnaissance se manifeste de manière négative ; des élèves se tenant mal en classe sont systématiquement catalogués dans les « troubles de l'attention » ; si vous vous droguez, si vous êtes alcoolique, vous souffrez d'un « problème d'abus de substance » ;

et quand une femme de quarante ans se sent frustrée, aspire à une vie meilleure et se procure un livre qui enfin lui promet des réponses, elle y découvre que la solution réside dans son lointain passé, dans ses réincarnations précédentes. Dites-leur ce qu'ils veulent entendre, ce n'est pas de leur faute, ils sont des victimes. Le plus déconcertant, c'est que nous *participons* activement à cette triste farce, gobant toutes ces chimères. Imaginez qu'un bateau chavire ou dévie de sa route, n'y aura-t-il personne pour se lever et crier : « Hé, faites attention ! » ?

Devenir gagnant

Moi, je le dis. Je le hurle même. Vous avez grand besoin d'une nouvelle stratégie. Un tel discours est vraisemblablement « hors mode » mais je n'ai nulle envie de débiter une suite de déclarations vaguement philosophiques, un discours bêtifiant, et de vous proposer des solutions ultra-rapides. Non, je *veux* vous aider à développer une solide stratégie fondée sur des connaissances éprouvées ; en vous permettant de surmonter problèmes et obstacles, je veux faire de vous un gagnant. Car « gagner » possède plusieurs acceptions : entretenir une relation, soigner un cœur brisé, changer d'emploi, améliorer votre vie familiale, affiner votre silhouette, retrouver une certaine sérénité. Peu importent les objectifs, il vous faut une stratégie et des conseils pour la construire. Pourquoi me faire confiance ? En premier lieu, je vous invite à suivre votre propre jugement et à remettre en cause chacune de mes assertions. Mais, avant tout, lisez-les avec la plus grande attention : j'ai regroupé dans cet ouvrage les lois de la vie et je m'apprête à vous les expliquer le plus clairement possible.

Au fil des années, j'ai eu le privilège de concevoir des stratégies gagnantes pour des milliers de clients, venus de tous horizons et aux prises avec toutes sortes d'angoisses – ces stratégies n'étaient pas élaborées *pour* eux mais *avec* eux ; je veux procéder ainsi avec vous. Affrontez vos difficultés comme j'ai tenté d'aborder les leurs : choisissez une attitude réaliste centrée sur les *résultats* et non sur les intentions. À notre époque, ignorer cela équivaut à rester analphabète.

Cela dit, qui suis-je ? Malgré un parcours personnel et professionnel différent, dans un contexte autre, mon histoire est sans doute assez proche de la vôtre. Mes parents étaient pauvres ; tous deux passèrent leur jeunesse à peiner dans des plantations de coton, en plein Texas ; leurs parents étaient honnêtes et sans instruction. Quand mon père annonça, à son retour de la Seconde Guerre mondiale, qu'il profiterait du « GI Bill » pour aller à l'université, sa famille se moqua de lui, lui reprochant de vouloir « jouer à l'étudiant » et de gaspiller sa vie dans les livres plutôt que de trouver un vrai boulot. Rien n'y fit : au prix de grands efforts il obtint un doctorat en psychologie, qu'il pratiqua pendant vingt-cinq ans. En 1995, un matin, il s'effondra au beau milieu d'un de ses cours. Ma mère, avec qui il fut marié pendant cinquante-trois ans, possède un diplôme d'études secondaires et travailla toute sa vie de façon sporadique. Elle nous a élevés, mes trois sœurs et moi, avec beaucoup d'amour et d'abnégation : elle est admirable.

Lors de mes études secondaires, mon père et moi – il achevait alors son internat – vivions séparés du reste de la famille ; faute d'argent, nous habitions dans des logements souvent dépourvus de confort. Plutôt soucieux de mon statut social, j'avais honte d'être pauvre – j'étais trop ignorant pour comprendre la futilité de tout cela. Parmi mes amis, j'étais le seul à être simplement vêtu, à n'avoir pas de voiture, sans argent, sans perspectives d'avenir. À l'instar d'autres foyers, nous bouclions difficilement nos fins de mois, nous roulions dans un vieux tas de ferraille, nous savions nous priver. L'amour nous soudait et entretenait notre joie de vivre.

La bourse d'études que j'obtins grâce au football m'ouvrit les portes de l'université. Sans elle, je ne serais probablement pas l'auteur de ce livre. Devenu psychologue, je découvris vite qu'aux thérapies je préférais les stratégies ; dès lors, je me mis à créer des forums, afin d'enseigner aux gens comment atteindre leurs objectifs en utilisant les dix lois de la vie. Sans m'appesantir sur les motivations des individus, des sociétés ou des clients – à moins qu'elles influent directement sur les modalités du changement –, je les aidais à concevoir un plan concret, les poussant à aller de l'avant.

Cette méthode nous permettait d'envisager beaucoup plus vite des solutions ; en effet, elle plaçait les vrais problèmes au cœur des discussions. Trop souvent, ces problèmes sont écartés à cause de la gêne qu'ils provoquent et parce que cela semble plus facile ainsi. Mais les refuser engendre une douleur plus diffuse, donc plus profonde.

Si votre vie est mal gérée, peut-être vous reconnaîtrez-vous dans l'une de ces catégories :

- Vous êtes frustré de ne pas gagner plus d'argent dans votre travail.
- Vous êtes capable d'accomplir beaucoup plus que ce que vous ne faites aujourd'hui.
- Empêtré dans une routine, vous êtes incapable d'obtenir ce que vous voulez.
- Vous êtes las de vous-même.
- Sur le plan affectif, vous endurez en silence une vie ou un mariage d'une extrême pauvreté.
- Tel un zombie, vous avancez dans une carrière figée, non stimulante.
- Dans la poursuite de vos objectifs, vous accumulez échec sur échec.
- Vous traversez les événements de votre vie sans passion, ni ambition, ni but.
- Vous évoluez dans un monde imaginaire : tandis que

vous vous croyez invincible, votre conduite comporte en réalité des risques considérables.

- Vous vivez dans un milieu confortable, qui propose trop peu de challenges, qui accède à trop peu de désirs et qui présente beaucoup trop de désagréments.
- Votre existence est solitaire et vous n'avez pas l'espoir d'en sortir.
- Vous croulez sous des charges financières bien trop lourdes pour vous.
- Vous éprouvez constamment des sentiments de culpabilité, de frustration ou d'abattement.

Pourquoi se résigner à porter de tels fardeaux ? Ce livre vise à vous montrer comment réussir de manière *stratégique*. Vous en avez à la fois les capacités et le droit, mais vous devez tout d'abord supprimer ces attitudes dont la société est proprement infectée. Cette société est obsédée par la théorie de la relativité : Einstein était sans doute loin de se douter que sa pensée scientifique serait un jour appliquée à des normes sociales. Car les Américains se comportent comme si tout était relatif. Il n'y a plus d'absolu, plus de bien ni de mal, plus d'échelle, tout passe par le compromis. Combien de fois avez-vous prononcé ou entendu ces commentaires :

- « On réussit *assez* bien. »
- « Ce n'est pas vraiment ce que je veux, mais bon, c'est la vie. »
- « Je fais tout mon possible mais, vous savez, c'est dur. »
- « Eh bien, vu ce que cela aurait pu être, on ne s'en tire pas trop mal. »

Une telle idéologie est séduisante car, en écartant la norme et en effaçant l'objectif à atteindre, vous pouvez tricher, prétendre ne pas être un perdant alors même que vous échouez. Plus c'est embrouillé, plus il est facile de se cacher. Mais cette manière de penser est un leurre, et la vérité est toute simple : vous gagnez, ou non. Le monde est régi par des lois que j'aimerais vous révéler. Les semaines, les mois puis les années passeront, que vous preniez ou non votre vie en charge ; l'eau coulera sous les ponts, que vous appreniez ou non ces lois essentielles. Alors, décidez aujourd'hui de ne plus croire que votre salut réside dans l'ignorance. Que cela vous plaise ou non, c'est l'unique façon de vous en sortir.

EXERCICE N° 2

Il est temps d'examiner votre capacité à repérer vos mensonges et vos raisonnements. Prenez votre journal de bord et inventez un récit, dont le titre sera : « L'histoire que je me raconterai à moi-même si je ne fais rien pour changer ma vie après avoir lu et étudié ce livre. » Soyez honnête : vous connaissez très bien tous vos comportements et les justifications auxquelles vous recourez le plus souvent. Imaginez une situation et énumérez les excuses invoquées ; puis mettez-les en scène. Je vous suggère de commencer ainsi : « Après avoir lu et étudié ce livre, je n'ai rien fait pour changer ma vie parce que... » En faisant cet exercice, soyez appliqué et parfaitement honnête. Ce test révélera si vous voulez affronter la vérité ou si, au contraire, vous souhaitez continuer à user des mêmes ruses, préférant avoir raison plutôt que d'être heureux.

Maintenant que vous avez terminé, réfléchissons à cet exercice : en consignant vos arguments, vous venez de reconnaître vos limites. Elles sont là, couchées sur le papier. Plus vous avez été intègre et critique, plus cela vous sera profitable. Les assertions suivantes vous semblent-elles familières ? Les avez-vous notées ?

- C'était trop difficile.
- Il ne me comprend pas.

- Tout ça, c'est pour les autres, ce n'est pas pour moi.
- Je ne pouvais pas m'investir à cause de mes enfants et de mon travail.
- Il est trop brutal ; j'ai besoin de douceur.
- Mes problèmes sont différents.
- J'ai besoin de relire ce livre.
- Il faut que mon conjoint le lise aussi ; sinon, je perds mon temps.
- J'ai raison et il a tort.

Tout au long de votre lecture, vous allez pouvoir évaluer au mieux votre manière de penser ; et plutôt que de vous demander si cette manière-là est la « bonne », demandez-vous si elle est ou non *efficace*. Selon moi, si vos choix ne fonctionnent pas, c'est mauvais signe ; si votre priorité est de réussir votre vie, alors préparez-vous à transformer tous les domaines abordés par cet ouvrage. Vous avez toujours la possibilité de faire marche arrière, c'est vrai. Mais essayez de prendre cette résolution : si ce que vous faites ne marche pas, vous accepterez de modifier votre comportement. Ne prenez pas cela au sens figuré mais bien au sens strict du terme : si votre mariage ne marche pas, changez votre attitude ; si votre conduite personnelle ne marche pas, changez votre attitude ; si l'éducation de vos enfants ne marche pas, changez encore votre attitude – même si vous êtes persuadé d'être dans votre bon droit. Qu'avez-vous à perdre ? Oubliez tous vos arguments : si votre vie ne marche pas, changez-la. Dès lors, posez-vous une question des plus simples : est-ce ou non efficace ? Vous avez eu raison assez longtemps, maintenant essayez autre chose – réussir, par exemple.

Vous voici parvenu à un croisement. Dans peu de temps, vous aurez à prendre l'une des décisions les plus importantes de votre existence. Ferez-vous le choix d'apprendre les lois de la vie, de les intégrer au sein d'une stratégie et d'adopter la détermination requise ? Ou bien allez-vous rester les mains dans les poches, acceptant tout ce qui passe et vous plaignant sans cesse de ce qui vous manque ? Ce n'est jamais le « bon moment » pour commencer : le bon moment c'est toujours maintenant, la meilleure occasion c'est toujours celle-ci. Cet ouvrage s'adresse à tous ceux qui se disent : « J'en ai assez. Je veux que ça change. Montrez-moi les lois de la vie, enseignez-moi les stratégies. Je suis prêt. »

La partie vient de commencer ; il n'est pas trop tard et, quelle que soit votre situation – un désordre complet ou un bonheur à parfaire –, il existe une stratégie pour vous. Ensemble, nous ferons de vous une personne énergique, débrouillarde, rompue aux lois de la jungle. Arrêtez d'accuser de faux coupables, la malchance ou un mauvais programme ; votre vie est là, entre vos mains. Regardez la vérité en face ; considérez ces deux principes : vous avez les moyens de bâtir une stratégie, et votre vie en vaut la peine ; personne ne le fera à votre place.

Cette nuit-là, à Amarillo, quand je montrai à Oprah ses responsabilités et leurs effets, elle se réveilla sur-le-champ. Bien décidée à ne plus être la spectatrice de sa propre destruction, elle s'engagea, se concentra sur ses objectifs et, plus décisif encore, elle mit systématiquement en pratique l'ensemble des lois de la vie. Vous ferez de même. Ces lois sont les règles du jeu ; inutile de s'interroger sur leur équité, de soupeser leur bien-fondé, elles *sont*, tout simplement – à l'instar des lois de la gravité. Elles se tiennent au cœur de ce que vous allez apprendre dans cet ouvrage afin d'élaborer votre stratégie.

CHAPITRE II

Il y a ceux qui comprennent, et il y a les autres

*« Nous n'aimons pas leur son,
et leurs arrangements sont démodés. »*
Un producteur de Decca Records,
qui refusa les Beatles en 1962.

LOI Nº 1
IL Y A CEUX QUI COMPRENNENT,
ET IL Y A LES AUTRES

Votre stratégie : devenez l'un de ceux qui ont compris et qui réussissent. Percez le secret de la nature humaine et découvrez ce qui fait avancer les gens. Décelez les ressorts de l'action : pourquoi vous, et les autres, faites ceci et ne faites pas cela.

Cette première loi est si déterminante que vous devriez la considérer comme un défi personnel dans le développement de votre propre stratégie. Il est clair que vous souhaitez compter parmi les rares personnes qui possèdent les clefs du succès – si ce n'est pas déjà fait. Dans presque tous les cas, il existe deux types d'individus, qu'il est très facile de discerner : ceux qui ont les atouts en main et ceux qui ne les ont pas. Tandis que les premiers profitent des fruits de leur savoir, les seconds demeurent hésitants, frustrés : ils se cognent la tête contre les murs, se plaignant de ne jamais avoir de chance. En revanche, les premiers sont en harmonie avec leur milieu qu'ils maîtrisent parfaitement ; et s'ils ne commettent pas d'erreurs, c'est qu'ils savent qu'ils détiennent la formule de la réussite. Ils en ont le secret. Alors, ceux-là atteindront toujours leurs objectifs parce qu'ils ont acquis le savoir nécessaire pour obtenir les résultats désirés. Bref, ils ont ce qu'il faut.

Ce dont vous avez besoin pour réussir peut varier d'un moment à l'autre comme d'une situation à l'autre, mais il existe plusieurs constantes importantes. Ce dont vous avez besoin pour percer le secret peut résider dans vos relations avec autrui, dans votre conduite personnelle ou dans votre carrière. Quoi qu'il en soit, dès que vous comprendrez vraiment comment tout cela fonctionne, alors vous serez dans une position de force. C'est une bonne chose, car vous appartiendrez désormais à une « minorité avisée », laissant tous les autres peiner et, tels des aveugles, accumuler essais et échecs.

Si vous enfreignez une loi pénale, par exemple celle qui condamne le vol ou l'agression, vous serez contraint de payer une amende ou d'aller en prison. Si vous violez une loi de la physique, telle que celle de la gravité, vous vous exposez à la douleur, voire à la mort. De la même manière, quand vous transgressez une loi de la vie, vous risquez une peine, parfois très lourde. Sans doute avez-vous déjà chèrement payé des erreurs commises au cours de votre vie. En agissant sans les informations et sans les aptitudes utiles pour obtenir des résultats, vous contrevenez à cette loi. Quand vous ne connaissez pas les règles du jeu, quand vous ignorez quels sont les comportements qui produiront tels résultats ou lorsqu'une stratégie vous fait défaut, vos chances de succès en sont d'autant diminuées. Face à cette « minorité avisée », vous n'êtes pas même une menace : vous n'êtes qu'un pion. De plus, en refusant la compétition, vous risquez d'être mal perçu par les figures d'autorité ; vos supérieurs hiérarchiques ne tarderont pas à vous mettre sur la touche et à vous pénaliser.

Quand j'observe des personnes qui passent leur vie à trébucher, je me demande comment elles parviennent à survivre, tout simplement ; il est pénible de savoir d'avance, avant même qu'elles aient tenté la moindre chose et malgré les espérances et les rêves qu'elles nourrissent, que leur sort est déjà réglé : elles n'aboutiront à rien. Si vous êtes de celles-là, n'est-il pas temps de vous réveiller et de vous accorder à votre environnement ? Car ceux qui ne comprennent pas la loi de la vie ne comprennent pas davantage leurs échecs répétés ni leurs causes ; tandis que ceux qui la respectent savent faire preuve de toute l'attention nécessaire pour s'adapter à leur milieu. Très tôt, j'ai eu à maintes reprises l'occasion d'observer cette loi et j'ai appris que plus j'étais en phase avec le monde, moins il m'était hostile. Par-dessus tout, j'ai appris à être réceptif.

Une nuit à Kansas City

Pendant mes études à Kansas City, je travaillais de nuit dans la fabrique Hallmark, située dans le centre-ville. Quand vous finissez de travailler vers deux ou trois heures du matin, vous évoluez dans un univers très différent de celui que les autres voient pendant la journée. Nous étions des oiseaux de nuit qui cherchions des ennuis et qui, le plus souvent, les trouvaient. L'un de mes amis et collègue possédait une Chevy Chevelle, une voiture puissante de plus de 400 chevaux. Après le travail, nous adorions rouler à toute allure dans les rues désertes de la ville, cherchant un autre fou du volant prêt à parier avec nous une centaine de dollars sur une course.

Une nuit, lors des vacances de Noël, deux passagers se joignirent à notre virée : un ami d'enfance, venu de sa petite ville pour me voir, et un copain du conducteur, que je n'avais jamais rencontré. Appliquant ma théorie de l'époque selon laquelle la stupidité est une vertu, nous dépassions allégrement les 160 km/h dans l'une des artères de Kansas City, près du centre-ville. Soudain, une voiture de patrouille apparut dans le rétroviseur et son pare-chocs vint cogner le nôtre. Si elle était aussi rapide que notre Chevy, elle ne semblait pas vouloir faire la course ; j'étais vraiment sûr qu'elle n'était pas là pour rire. L'agent alla au plus pressé : il n'appela aucun renfort, n'alluma pas ses gyrophares, nous força à nous immobiliser et bondit hors de son véhicule, claquant sa portière si fort que nous en avons sursauté… Cet homme m'apparut tel un géant, et je sentis comme l'annonce d'un ouragan.

Dès que ce policier se dirigea vers nous, le copain du conducteur fut saisi de panique : il sortit par la fenêtre arrière, tomba sur le trottoir la tête la première et détala.

Si l'agent n'était pas très bien disposé à notre égard, dès lors il le fut encore moins. Non seulement nous avions violé la loi mais l'un d'entre nous avait pris la fuite, et cela aggravait notre cas. L'agent ouvrit brusquement la portière, empoigna le conducteur et nous ordonna à tous de sortir. En le tenant toujours par le col, il lui dit : « Je vais te poser cette question une seule fois : Qui est le garçon qui s'est enfui ? » D'un ton à la fois renfrogné et moqueur, l'autre rétorqua : « Eh bien, son nom est… Sam Saucisse, pourquoi ? » Avec le recul, je me rends compte qu'à ce moment-là je repérai la première loi de la vie, et peut-être l'avais-je même formulée car je me souviens avoir pensé : « Vraiment, *tu n'y comprends rien.* » Le policier le frappa si fort que j'ai bien cru que c'était *mon* nez qui était cassé.

Jusqu'ici, tout ce que nous risquions, c'était de payer une amende ou de retrouver notre voiture à la fourrière. Étant donné la tournure que prenaient les événements, cela aurait été un don du Ciel… Mais, apparemment, les méthodes du policier n'étaient pas celles d'un employé de bureau, loin de là, et mon ami était hélas le prochain sur sa liste ; le problème était qu'aucun d'entre nous ne connaissait le nom du fuyard. Le policier procéda de la même façon que tout à l'heure : il agrippa mon ami – qui aurait bien voulu être à des années-lumière de là –, le regarda droit dans les yeux et répéta : « Je vais te poser cette question une seule fois : Qui est le garçon qui s'est enfui ? » Même s'il n'avait aucune réponse à lui donner, mon ami se rendait compte qu'il fallait dire quelque chose. Alors, avec le plus grand naturel et une sincérité désarmante, il lui dit : « Monsieur, je vous jure sur la tombe de ma mère [elle était bien sûr en vie et se portait à merveille] que j'ignore le nom de ce jeune homme mais, Monsieur, je peux vous affirmer ceci : je suis absolument certain qu'il ne s'appelle pas Sam Saucisse. » Malgré ma peur, j'ai tout de suite pensé : « Lui, il a compris. Nous allons peut-être nous en sortir. » Je n'ai pas dit un mot, laissant l'agent réfléchir à la situation. Mon père m'a toujours enseigné qu'il y a des moments dans la vie où il ne faut pas rater l'occasion de *se taire* : celle-là en était une.

De toute évidence, le premier interpellé n'avait rien compris ; il s'était tapé le front contre le sol et allait le payer par deux yeux au beurre noir pendant quelques semaines, contrairement au second, qui voyait encore clair. Toute la différence était là. Je peux vous assurer que nous n'avons plus jamais dépassé les 40 km/h à Kansas City. La vie est tellement plus simple quand on est de ceux qui ont compris.

Maintenant, vous vous dites : « Je ne veux pas constamment échouer. Quels sont les points que je ne comprends pas dans mon existence et, surtout, comment vais-je acquérir cette compréhension ? » Vous avez encore beaucoup de chemin à faire pour adopter de meilleurs choix et prendre des décisions plus judicieuses ; vous devrez patiemment vous initier aux lois et aux mécanismes de l'existence. La première de ces lois, et les neuf autres qui suivront, vous éclaireront sur tous les événements de votre vie. Retenez ceci : si vous apprenez ces dix lois, vous ne raterez plus jamais rien du fait de votre ignorance, qu'elle porte sur vous-même ou sur le monde. Car ces lois vous diront le comment et le pourquoi.

Une longueur d'avance

Le savoir que je souhaite vous transmettre vous permettra de faire la différence entre subsister et vivre. Subsister relève de l'instinct, ce n'est qu'un mécanisme destiné avant tout à garder un individu en vie, jour après jour, sans égards pour la qualité de son existence ; vivre, c'est bien davantage, c'est déployer et exercer des aptitudes acquises, c'est jouir d'une expérience unique, riche et gratifiante. Les facultés dont vous avez besoin pour vous créer une vie meilleure sont celles qui vous aideront à comprendre et à contrôler les relations entre causes et effets : en d'autres termes, vous allez apprendre à utiliser votre savoir pour faire avancer les choses, pour appréhender au mieux vos comportements et ceux des autres. Cela vous donnera une longueur d'avance extraordinaire sur les autres.

Nous sommes dans un univers social. Tout ce que vous faites nécessite presque toujours une interaction avec quelqu'un d'autre. Quand vous achetez du pain, quand vous travaillez avec vos collègues, quand vous vous retrouvez en famille, quand vous louez un appartement : dans toute situation vous devez composer avec les autres. Les exemples sont si nombreux qu'il est inutile de les énumérer. Si vous postulez pour un emploi dans le secteur informatique et que vous savez travailler sur ordinateur, cela vous permettra d'accomplir cette tâche – mais encore faudra-t-il convaincre le directeur des ressources humaines. Si vous êtes, avec d'autres, perdu en pleine forêt et que vous savez retrouver votre chemin : bravo, c'est un bon point. Mais si vous êtes le seul et unique à pouvoir indiquer le chemin, alors deux fois bravo, c'est vraiment un très bon point. Vous êtes devenu la personne que tout le monde suivra ; votre indépendance vous permet de jouir d'une tranquillité d'esprit et de recueillir la confiance de tous. Cela ne provient ni de vos charmes, ni de votre situation financière, ni encore de votre personnalité, mais c'est parce que vous avez ce qu'il faut. Le savoir, c'est le pouvoir.

Pensez à ceux qui gouvernent le monde, à ceux qui ont du succès en affaires, en politique, dans le domaine du sport, en amour ou dans la vie en général. Je suis prêt à parier que presque tous savent comment s'y prendre pour faire adopter leurs opinions, leurs valeurs, leurs convictions ; dotés d'une compréhension fine des ressorts du comportement humain, ils sont capables de prévoir, donc de contrôler, ce que telle ou telle personne va faire. Dans votre recherche de maîtrise, une telle aptitude est synonyme de succès.

Ainsi, si vous compreniez tout de suite les raisons qui vous poussent à abandonner un projet avant même d'atteindre les résultats escomptés et si vous pouviez enrayer ce cercle infernal, votre vie en serait métamorphosée. Si vous saviez pourquoi votre conjoint agit de la sorte et si vous parveniez à modifier son attitude, vous auriez fait un pas de géant dans la gestion de votre mariage. Ne sous-estimez pas les avantages que vous pourriez en retirer dans l'éducation de vos enfants ou au sein de votre milieu professionnel : vous mettre en valeur, gagner la confiance et l'affection de ceux que vous respectez et estimez. Vous aurez une longueur d'avance, vous aurez toutes les cartes en main. Il faut souligner que ces aptitudes sont *acquises* et proviennent d'un apprentissage. Même si vous êtes très brillant, on n'attend pas de vous que vous parliez russe sans qu'on vous l'ait enseigné ; et même si vous êtes très intelligent, on ne vous demandera pas de piloter un 747 sans la moindre formation… Ici réside le point essentiel : c'est parce que personne ne vous a appris les règles du jeu que vous rencontrez tant de difficultés.

En observant le modèle de vie d'un Américain d'aujourd'hui, je ne me demande pas pourquoi la société est en déclin, je me demande pourquoi elle ne l'est pas. Sans préparation, nous ne pourrons pas réussir ; nous sommes proprement incapables de reconnaître les dysfonctionnements du comportement humain. Pensez-y.

Pourquoi tant de mariages échouent-ils ? Parce que *personne n'a appris à vivre à deux*, personne ne nous enseigne comment choisir un partenaire, gérer nos émotions au sein du couple, comprendre les sentiments et les motivations de l'autre, et nous ne savons pas régler les conflits conjugaux. Nous ignorons tout de l'essentiel. Pourquoi avons-nous plus de chance d'être obèses si nous naissons aux États-Unis ? Parce que personne ne nous a appris à contrôler nos pulsions, à prendre soin de notre santé et à veiller à notre bien-être. Pourquoi nos enfants se droguent-ils de plus en plus jeunes ? Parce que personne n'a enseigné aux parents comment les éduquer au mieux.

Ne recevant aucun apprentissage de la société, nous sommes contraints de nous rabattre sur les modèles présents dans notre vie. Mais n'avons-nous pas été élevés par des parents qui ignoraient presque tout du fonctionnement humain ? S'ils n'ont jamais été *formés* pour être des mères, des pères et des époux, quels modèles peuvent-ils donc constituer pour nous ? En réalité, je crois que si vous avez eu de bons modèles, vous pouvez en remercier la seule providence car ni l'éducation ni la préparation n'y ont eu leur part, je vous l'assure. En bref, cela signifie que vous ignorez sans doute certaines données essentielles ou que les données existantes sont erronées : oublier un enseignement s'avère parfois plus difficile que d'apprendre quelque chose de nouveau.

EXERCICE Nº 3

Développez une attitude critique, remettez en question ce qui, dans votre vie, a été adopté et assimilé de manière aveugle, irréfléchie. Dans votre journal de bord, établissez la liste de tout ce qui vous semble répondre à cette définition. Prêtez une attention particulière aux modèles récurrents dans votre vie personnelle, professionnelle, familiale et sociale. Je pense que vous allez être surpris du nombre de formules et de comportements que vous avez empruntés à des personnes qui, faute de connaissances, n'étaient pas en mesure de faire les bons choix. Si certains modèles résistent à l'examen, conservez-les. Tous les autres devront être modifiés, voire supprimés.

Quand vous avez réussi une action, c'est que vous en avez compris les ressorts. Toutefois, je voudrais vous mettre en garde : il vous reste beaucoup à apprendre et ce que vous savez déjà est peut-être faux. Les neuf autres lois sont organisées de façon à vous doter d'un savoir que vous ne trouverez dans aucun manuel et qui reflètent parfaitement le mécanisme de l'existence. Maya Angelou disait : « Vous avez fait de votre mieux, mais quand vous en avez su davantage, vous avez fait mieux encore. » Il est temps pour vous d'en savoir plus.

Peut-être n'êtes-vous pas véritablement égaré dans ce monde mais soyez vigilant, conservez votre discernement face à tous ceux avec qui vous entretenez des relations : parfois, des idiots bardés de diplômes n'ont pas assez de bon sens pour se mettre à l'abri quand vient l'averse, et nombreux sont ceux qui, avisés et perspicaces, n'ont aucune formation supérieure ; certains réunissent finesse et éducation – ils sont les plus rares. C'est à vous qu'il revient de choisir des professeurs dignes de confiance, non pas pour substituer leur pensée à la vôtre mais pour l'ajouter à votre propre expérience. Si vous avez déjà participé à quelque structure que ce soit, vous savez de quoi je parle. L'autorité résulte parfois d'un nom inscrit sur une plaque, mais un pouvoir, des plus simples et très puissant, peut aussi provenir de la connaissance des « ficelles » d'une organisation. Votre travail consiste à déceler les sources d'information et d'influence, à dénicher autour de vous ceux qui ont trouvé ces ficelles – et peu importe comment. Je suis sûr que vous avez déjà, à diverses occasions, rencontré ce type de personnes.

Souvenez-vous. C'était un nouvel emploi, vous étiez encore le « petit nouveau » et quelqu'un vous a peut-être dit : « Ne t'éloigne pas de ce vieux renard, là-bas. Lui, il détient les ficelles. » Ce que tout le monde respecte chez ce vieux renard, c'est qu'il – ou elle – a parfaitement saisi le *système* en place et qu'il sait comment l'utiliser en sa faveur ou en faveur de ceux qui en font partie : mieux que quiconque, il en connaît les règles, les lignes directrices et les dessous. Alors, les murs de votre bureau peuvent être tapissés de diplômes, les vêtements que vous portez ont beau coûter plus d'un mois de salaire et vos références être impeccables, peu importe : vous avez compris que le vieux renard, lui, possédait la sagesse. En cas de panne de courant ou de bogue généralisé, n'appelez pas la maintenance, demandez plutôt à ce vieux renard : il saura qui contacter et quoi dire. Quand le service de réparation de la photocopieuse vous informe qu'il ne peut s'en occuper avant la semaine prochaine, adressez-vous au vieux renard : il sait comment et à quelle porte frapper pour obtenir satisfaction. Et quand rôdent les premières rumeurs de licenciement, il y a fort à parier qu'il connaîtra, le premier, les détails de l'affaire.

Tandis que certains croient savoir des « choses », la finesse d'analyse dont témoigne le vieux renard lui permet d'associer ces « choses » à des attitudes spécifiques au monde du travail. Dès les premiers jours, vous avez compris qu'avoir accès à ce savoir-là vous éviterait d'enfreindre une loi tacite et de vous trouver dans une position embarrassante, susceptible de vous mettre votre patron à dos. Ce renard sait ce que les employeurs recherchent, ce qu'ils souhaitent entendre pour vous considérer comme un bon élément ; il peut vous fournir les règles du jeu, celles qui sont écrites mais surtout les autres, souvent les plus importantes ; il peut encore vous livrer des informations qui se révéleront précieuses dans le déroulement de votre carrière. Son *expérience* lui a conféré le *savoir*, qui a fait de lui un homme puissant ; il a saisi le mécanisme, le code de conduite, qui a fait de lui un homme avisé. Par-dessus tout, il a compris la marche du monde.

Partout, en tous lieux, se trouve un vieux renard : dans les films qui se passent en prison, il est ce vieil homme aux yeux perçants qui longe les murs en silence ; il apparaît aussi dans les intrigues policières, dans les histoires de Mafia ou de guerre. Il connaît les politiques, en prend et en laisse, s'arrange pour rester en vie. Vous le rencontrerez aussi bien dans la cafétéria d'une entreprise que, comme sans-abri, vivant sous un pont. Dans chaque milieu et de tout temps figure cette personne digne de confiance, qui vous dira : « Je me fiche de ce qu'ils disent, de ce que vous pensez ou de ce que vous avez appris à l'école. Je vous dis simplement comment les choses sont. Réellement. » Quand j'imagine ce vieux renard, je le vois m'expliquant la vie, me transmettant cette forme de sagesse pragmatique. Rien de compliqué, seulement les petites choses que nous gagnons par l'expérience, en restant à l'écoute. Ainsi, vous pourrez l'entendre dire :

La philosophie du vieux renard

C'est un fait : « Le Père Noël n'existe pas. Si vous souhaitez une vie meilleure, *c'est à vous de jouer.* Vous pouvez prier mais continuez à travailler. »

C'est un fait : « Avant de mener votre vie dans la bonne direction, regardez autour de vous, *arrêtez-vous,* vous êtes devant la mauvaise voie. »

C'est un fait : « Ce n'est pas la peine de broyer *votre* main dans *votre* mixeur pour comprendre que ce n'est pas une bonne chose à faire. »

C'est un fait : « Établissez un plan et respectez-le. N'en changez pas comme vous changez de chemise. »

C'est un fait : « Ils vous utiliseront si vous les laissez faire. Quand ils vous couperont l'herbe sous le pied, quand ils voleront dans votre poche, prenez une expression posée, puis attaquez. »

C'est un fait : « La vie *est* une compétition. »

Vous et moi

Le système que nous évoquons dans cet ouvrage est celui de votre *existence,* de vos relations avec les autres, de votre carrière, de votre vie familiale, spirituelle, sociale et, ce qui est capital, de vos rapports avec vous-même. À moins d'être né avec la science infuse et sous peine de rester sur la touche, vous devez apprendre comment fonctionne ce système. Même si cela paraît un lieu commun, la vie est bien un voyage : si vous ne possédez ni carte, ni plan, ni horaire, à coup sûr vous vous égarerez ; en revanche, si vous disposez d'un plan réaliste et mûrement réfléchi, vous serez stupéfait du résultat obtenu. Ne pensez pas que vous êtes un idiot si vous ne savez pas élaborer une stratégie. Car, pour cela, il existe une méthode, que vous pourrez acquérir. Vous aurez besoin d'un guide qui connaît la vie et son système, un guide capable de vous faire saisir la réalité des choses – jusqu'à celles qui, parfois, sont difficiles à accepter.

Je ne suis pas encore un vieux renard mais si vous désirez vraiment progresser, je suis prêt à vous montrer le chemin : j'ai travaillé d'arrache-pied pour accéder à ce savoir-là et je souhaite vous épargner tous les essais et les échecs répétés que j'ai moi-même essuyés pour arriver jusqu'ici ; car si la vie possède son propre « manuel de conduite », on peut dire que je l'ai lu et relu inlassablement afin de comprendre les ressorts du comportement humain, en portant une attention particulière aux tensions d'ordre social qui affectent aujourd'hui votre vie.

Par exemple, le fait d'avoir contribué à bâtir des stratégies dans un cadre judiciaire – qu'il s'agisse du procès d'Oprah ou de centaines d'autres cas – et d'avoir aidé des milliers de gens m'a enseigné qu'il était tout à fait possible de faire basculer une situation : en plein désastre, il est *possible* d'arracher la victoire. J'ai appris que si n'importe qui peut se baigner dans une mer d'huile, les seuls à réussir sont ceux qui, lors d'un naufrage, parviendront à garder la tête hors de l'eau. C'est à *vous* que je désire révéler ce savoir qu'ils détiennent. De même que vous comprenez un tour de cartes quand le prestidigitateur vous montre le truc, de même vous serez surpris de la tournure que prendront les choses après avoir appris et suivi les dix lois de la vie.

Pendant le procès d'Oprah, j'ai mis au point une stratégie visant à rallier les jurés à sa cause et à sa version des faits. Pour cela, je devais savoir ce qui comptait pour eux et ce que je devais souligner. Souvenez-vous, l'affaire était loin d'être gagnée : nous étions dans un pays d'éleveurs – et plusieurs jurés possédaient du bétail ! C'est un défi que j'ai toutefois relevé avec ardeur, et j'ai gagné. Ma stratégie n'était pas de tromper le jury afin qu'il n'y voie que du feu ; elle était de convaincre douze personnes intelligentes, dotées d'un sens moral, qu'elles s'étaient trompées à propos de quelques riches industriels et qu'elles devaient admettre la vérité.

Concevoir une telle stratégie requiert les mêmes connaissances que celles qui vous seront utiles pour persuader les autres de soutenir *vos* projets. Au sein de chaque stratégie impliquant les autres, il existe toujours au moins deux choses à faire : vaincre leurs résistances et contrer leurs prétextes, puis les amener à adopter votre vision du monde. À Amarillo, j'ai dû lutter contre une propension humaine forte : l'esprit de clan. En effet, lors de ce procès, Oprah était l'étrangère qui s'opposait aux gens du coin. Mais j'étais persuadé que les jurés n'avaient pas même conscience de leur partialité, et c'est ça qui était important : un préjugé inconscient est potentiellement beaucoup plus dangereux qu'une prise de position réfléchie.

Je connais le Texas, je sais que la majorité de ses habitants se méfient de tous ceux qui n'y vivent pas, n'y travaillent pas et n'y prient pas. Pour avoir une chance de toucher les jurés, il fallait aller sur leur propre terrain. Car pour entrer en contact avec l'autre, vous devez le comprendre, percevoir ce qui le motive, déceler les liens existant entre vos valeurs et les siennes. Telle est la base de toute relation humaine. Ainsi, nous avions à développer les mêmes ressources que celles que vous devrez acquérir pour vivre avec les personnes sur lesquelles vous souhaitez avoir de l'influence – que ce soient vos enfants, votre conjoint ou votre patron. Sachez les convaincre que vous, avec vos idées étranges, n'êtes pas fou à lier.

Qu'avez-vous à savoir pour comprendre vraiment quelqu'un ? Quelles informations vous permettront de déterminer sa personnalité ? Si je veux connaître une personne ou un groupe de personnes, il me faudra découvrir au minimum ceci :

1. Qu'est-ce qui, dans sa vie, compte le plus : les valeurs morales ? l'argent et le succès ? la force ? la compassion ? Quels sont les composantes essentielles de sa vision du monde ?

2. Quelles sont, dans sa vie, ses attentes et ses convictions ?

3. Quelles sont ses résistances ou, au contraire, ses prédispositions à la peur, aux préjugés ?

4. Quelles positions, quelles démarches, quelles philosophies est-elle susceptible de rejeter ou d'adopter ?

5. Qu'a-t-elle besoin d'entendre à propos de quelqu'un pour conclure : c'est bon, il est digne de confiance ?

6. Quelles sortes de questions trouve-t-elle pertinentes ?

7. Que pense-t-elle d'elle-même ?

8. Par-dessus tout, que veut-elle dans la vie ?

À bien analyser les raisons d'agir, vous découvrirez que nombreux sont les éléments qui régissent les manières d'être ; la troisième loi de la vie (« Les gens font ce qui marche ») détaillera les types de récompenses liés aux différents comportements. Au sein de cette diversité surgissent quelques constantes fondamentales, constitutives de votre savoir et donc de vos stratégies ; je les ai constamment mises en pratique non seulement pour convaincre des jurés mais aussi toutes sortes d'autres personnes. S'il le faut, écrivez-les au creux de votre main. Car leur contrôle va dès aujourd'hui bouleverser le cours de votre existence. Voici les dix constantes les plus marquantes :

1. La peur la mieux partagée est celle d'être rejeté.
2. Le besoin vital est donc celui d'être accepté.
3. Pour contrôler au mieux le comportement d'autrui, confortez ou flattez son amour-propre.
4. Tout le monde, je dis bien tout le monde, aborde chaque nouvelle situation en se demandant : « Que vais-je en retirer ? »
5. Tout le monde, je dis bien tout le monde, aime parler, avant tout, de ce qui le concerne directement.
6. Les gens écoutent et intègrent uniquement ce qu'ils comprennent.
7. Les gens portent leur affection et font confiance à ceux qui les aiment.
8. Les gens agissent souvent pour des raisons autres que les motifs apparents.
9. Des personnes de qualité peuvent être – et sont souvent – médiocres et mesquines.
10. Dans la société, tout le monde, je dis bien tout le monde, porte un masque. Regardez bien qui se cache derrière ce masque.

Après avoir lu cela, vous devez penser : « Quelle vision pessimiste de la nature humaine ! » C'est faux, je suis simplement réaliste : je vous montre les choses telles qu'elles sont et, si vous considérez votre propre expérience en toute honnêteté, vous conviendrez avec moi que ces dix observations sont vérifiées.

Les deux listes précédentes constituent tout à fait le genre d'outil nécessaire pour établir une stratégie de vie, que ce soit avec votre conjoint, vos enfants, un client, un supérieur hiérarchique, un employé, un collègue ou vous-même. Ne pas en tenir compte serait faire décidément fausse route et vous condamnerait d'emblée à l'échec. Ces deux listes, qui représentent en elles-mêmes une stratégie visant à dominer les situations plutôt qu'à les subir, ne sont pourtant qu'une base, qu'un début dans la compréhension du mode de fonctionnement des gens, donc du monde. En d'autres termes, vous devez étudier minutieusement la nature humaine ; nous évoluons dans un monde social, nous sommes des animaux socialisés. Si je souligne encore et encore cette constatation, c'est que je souhaite de tout cœur qu'elle pénètre en vous : si vous comprenez enfin pourquoi tous les autres autour de vous font ceci et ne font pas cela, alors vous ne serez jamais pris au dépourvu, ni par vous-même ni par quiconque.

Les neuf autres lois de la vie vous expliqueront comment marche le monde ; vous devrez être attentif, studieux puis, au-delà de la lecture de cet ouvrage, jour après jour et tout au long de votre vie, poursuivre cet enseignement. Tout est dans votre disposition d'esprit : demain, réveillez-vous avec la ferme intention de sonder les comportements humains ; armé de vos deux listes, apprenez à connaître ceux qui vous entourent. Ainsi, sans attendre, tentez une expérience simple grâce à quelques-unes des constantes énoncées dans la seconde liste. Choisissez par exemple la constante n° 2, aisément observable, qui touche au besoin vital que nous avons d'être acceptés par les autres. Au restaurant, dans un magasin ou à votre bureau, prenez le temps d'engager une conversation avec plusieurs personnes puis amenez le sujet qui nous intéresse : dites à vos interlocuteurs combien ils travaillent dur ou comme leur activité vous semble complexe et difficile. Cela leur donnera le sentiment d'être acceptés et, immédiatement, leur attitude à votre égard va se modifier pour devenir des plus bienveillantes.

Un exemple : vous êtes au restaurant et le service est lent. Enfin le garçon arrive. Vous vous adressez à lui : « Mon Dieu, je n'arrive pas à croire qu'ils vous font courir autant aujourd'hui. Vous allez si vite que vous aurez bientôt besoin de patins à roulettes. Nous apprécions beaucoup vos efforts. » Aussi superficiel que cela puisse paraître, essayez. Vous conviendrez que je n'ai pas choisi au hasard les dix composantes de la liste.

Vous savez que certaines personnes ont du succès et d'autres non. Cherchez ce qui les différencie et pourquoi. Quand j'étais enfant, je rêvais d'être Superman, en particulier pour son regard perçant du type rayons X. Comme j'étais un garçon en bonne santé et vigoureux, sans doute devinez-vous comment j'aurais usé de ce pouvoir. N'est-ce pas ce que nous évoquons ici : voir ce que les autres ne peuvent voir ? Peut-être n'est-ce pas aussi amusant que d'être Superman mais c'est bien plus utile et cela vous rapportera beaucoup.

Vous pensez sûrement que je vous apprends à être manipulateur. Vous avez raison. En soi, la manipulation n'est pas une mauvaise chose ; en réalité, je tente même de vous manipuler en ce moment. Je le dis ouvertement, en toute liberté, et je ne demande aucune excuse. Car la manipulation est à proscrire uniquement quand elle est insidieuse, intéressée et nuisible, mais si je parviens à vous manipuler afin de vous apprendre à devenir meilleur, bon père, mère aimante et époux unis, quel mal y a-t-il à cela ? N'oublions pas qu'une forme de manipulation gouverne le monde. Il est plus important d'acquérir un savoir sur soi-même, pour diriger ses propres actions, que de posséder celui qui permet d'anticiper les agissements d'autrui : tandis que le contrôle des autres peut vous aider, la maîtrise de vous-même est décisive. Peu importe le lieu ou les circonstances dans lesquels vous rencontrez des gens – à la maison, au travail ou pendant vos loisirs –, le dénominateur commun de l'ensemble de ces situations, c'est vous. La personne avec laquelle vous passez le plus de temps, c'est vous ; celle que vous devez gérer au mieux, c'est encore vous ; et celle qui témoigne de principes et de modèles tantôt négatifs tantôt positifs, à atténuer, à éliminer ou à valoriser, c'est toujours vous. Qu'il s'agisse d'une dépression, d'un sentiment d'insécurité, de colère, d'apathie ou bien de solitude, vous êtes l'unique personne à pouvoir faire disparaître ces principes. Cela requiert un savoir spécifique ; vous aurez besoin de connaître les origines de ces maux, de percevoir pourquoi ils persistent et, surtout, de leur substituer des règles plus constructives.

Combien de fois avez-vous regardé quelqu'un en pensant : « J'aimerais être aussi heureux que lui. J'aimerais avoir cette assurance-là. J'aimerais former un couple aussi complice » ? Je suis sûr que, au moins deux ou trois fois dans votre vie, vous vous l'êtes dit – si vous êtes honnête, vous l'admettrez. Rien de grave à cela : tous les jours ne sont pas des jours bénis et ce n'est pas une mauvaise chose que d'envier à d'autres leurs dispositions et leurs qualités. Mais le plus important est d'acquérir une connaissance intime de soi-même. Pour apprécier dès à présent le chemin que vous avez parcouru, rendez-vous compte du changement opéré ; bien que le contraire du savoir soit sans nul doute l'ignorance, il est en fait encore plus dangereux de mal penser ou d'être mal informé – nous le reconnaissons plus difficilement chez nous que chez d'autres personnes.

Combien de fois avez-vous rencontré quelqu'un qui, inattentif aux valeurs de son interlocuteur, n'avait aucune idée de l'effet produit par ses paroles ? Par une attitude inconsidérée et des paroles blessantes, ce balourd se met rapidement dans une position embarrassante, ne comprenant pas pourquoi il est devenu un objet de raillerie : autour de lui, on fait des grimaces, on prend un air crispé comme lorsqu'on est incommodé par une mauvaise odeur… tandis que notre homme, qui n'a vraiment rien compris, pense qu'il a impressionné son monde. Comparons cet imbécile avec une personne qui a étudié la nature humaine. Avec habileté et efficacité, cette dernière est capable de susciter les réactions qui lui ouvriront tout grand les portes du succès ; sachant que sa conversation est agréable, les gens recherchent sa compagnie : car cette interaction leur renvoie une image d'eux-mêmes valorisée. La morale de l'histoire est aisée à deviner : soyez attentif au fonctionnement du monde mais accordez plus d'attention encore à la manière dont il vous répond.

Nous ne pouvons clore ce sujet sans mentionner un autre type de ballot, cousin du précédent : le « Monsieur Je-sais-tout ». Ceux qui croient tout savoir, ces insupportables raseurs sont non seulement ennuyeux et nuisibles mais ils se neutralisent eux-mêmes : s'ils savent déjà tout, pourquoi prendraient-ils donc la peine de se montrer ouverts, réceptifs aux moyens d'acquérir de nouvelles connaissances ? La moindre tentative destinée à leur expliquer quoi que ce soit d'inédit est proprement irrecevable et les fait se refermer sur eux-mêmes, telle une tortue dans sa carapace ; rétifs à toute occasion d'apprendre des choses qui risqueraient d'ébranler leurs fragiles convictions, ils sont figés, fossilisés dans cette manière d'être et en sont fiers. Avec le temps, cette paralysie provoque chez eux des préjugés, des fanatismes et toutes attitudes fondées sur des jugements obtus : ils rassemblent des renseignements erronés sur des individus ou des groupes ethniques, considérant ce savoir mensonger comme parole d'Évangile. Leur devise est : « Si l'on n'a pas toujours raison, au moins on ne doute jamais. » Depuis des siècles, un tel principe engendre des guerres raciales et d'innombrables souffrances humaines. Ne pensez pas que cette loi s'applique à tous sauf à vous.

Il y a ceux qui comprennent, et il y a les autres. Adoptez les comportements proposés dans ce chapitre et lancez-vous dans l'apprentissage de l'ensemble des lois de la vie. J'espère ainsi que vous ne ferez plus jamais partie de ceux qui répondent « Sam Saucisse »… De même que la connaissance est synonyme de puissance, ignorer ou se fonder sur de fausses informations constitue un handicap majeur. Tentez de comprendre vos motivations comme celles des autres. Je ne peux concevoir de meilleur point de départ pour la mise en application de ce plan : apprendre les neuf lois suivantes. Laissez-les devenir les fondements de votre savoir.

CHAPITRE III

Nous créons notre propre expérience

« Le semeur peut se tromper et semer ses pois au hasard.
Les pois ne se trompent pas ;
ils se contentent de pousser de travers. »
Ralph Waldo Emerson

LOI N° 2
NOUS CRÉONS NOTRE PROPRE EXPÉRIENCE

Votre stratégie : reconnaissez et acceptez votre responsabilité. Comprenez le rôle que vous tenez dans l'élaboration de votre propre vie. Apprenez à mieux choisir pour avoir le meilleur.

Cette loi est simple : vous êtes responsable de votre vie, du bon comme du mauvais, des succès comme des échecs, du bonheur comme du malheur, du juste comme de l'injuste… Votre vie vous appartient. Désormais vous êtes responsable, et vous le serez toujours. Que cela vous plaise ou non, c'est ainsi. Comprenez-moi bien : ce n'est pas une proposition d'ordre général mais cela signifie que vous êtes le seul à pouvoir agir sur le déroulement de votre existence, non seulement à certains moments mais à tous les instants. Vous détestez votre travail : vous en êtes responsable ; vos relations amoureuses se sont détériorées, vous avez pris des kilos, vous vous méfiez du sexe opposé, vous êtes malheureux : vous en êtes responsable. Quelles que soient les circonstances, en acceptant cette loi, vous ne pourrez plus nier votre responsabilité. Et il ne suffit pas de le savoir, il faut agir.

Laissez-moi vous expliquer *pourquoi* cela est tellement essentiel. Si vous refusez cette responsabilité, vous ne parviendrez pas à cerner, donc à résoudre *chaque* problème. Même si vous êtes convaincu qu'il n'existe aucun rapport entre vos difficultés et vous-même, dites-vous bien que j'ai raison et persévérez. Votre rôle est actif, je vous l'assure ; faites-moi confiance.

Cette loi représente l'entière vérité, elle est la base de la marche du monde ; à la dénier, vous risquez fort de vous enfermer dans un monde irréel et, en restant persuadé d'être une victime, vous ne connaîtrez jamais ni évolution, ni guérison, ni victoire ; en revanche, en reconnaissant votre responsabilité, vous éviterez les mauvais coups et vous vous préparerez à maîtriser votre vie. Voulez-vous vraiment changer ? Voulez-vous accepter de créer votre propre expérience ? Alors, analysez ce que vous avez fait, ou non, et posez-vous les questions suivantes :

- Quelles sont les circonstances que je déteste ?
- Qu'ai-je fait pour arranger la situation ?
- Qu'ai-je fait pour rendre les choses possibles ? Je suis le seul à pouvoir intervenir, mais pour faire quoi ?
- Ai-je accordé ma confiance à l'aveuglette ?
- Ai-je ignoré un signal d'alarme ?
- Ai-je demandé clairement ce que je voulais ?
- Me suis-je menti à moi-même (je voulais tellement que ce soit vrai) ?
- Quels sont les choix que j'ai faits ? Quels en ont été les effets ?
- N'était-ce pas la bonne personne, le bon endroit ?
- Étaient-ce de mauvaises raisons qui m'ont poussé à agir ainsi ?
- Ai-je choisi le mauvais moment ?
- Qu'ai-je oublié de faire pour arriver à de tels résultats ?
- Ai-je adopté la conduite adéquate ? Si oui, laquelle ?
- Ai-je fait valoir mes droits ?
- Ai-je vraiment demandé ce que je voulais ?
- Me suis-je vraiment donné à fond ?
- Ai-je négligé de dire à quelqu'un : « Laissez-moi tranquille » ?
- Me suis-je traité avec dignité et respect ?
- Quelle est la conduite à adopter pour changer ma situation ?
- Dois-je adopter de nouvelles manières d'être ?
- Dois-je rejeter d'anciennes manières d'être ?

Arrêtons-nous un instant car vous devez saisir avec précision les enjeux de la situation : si vous continuez à refuser cette loi, à vivre comme une victime, en dehors de tout cela, jamais vous ne pourrez transformer votre existence. N'envisagez pas cette assertion comme un pur exercice de rhétorique mais considérez que, par cet ouvrage, je m'adresse directement à vous. Êtes-vous exaspéré, blessé, frustré ? Ces sentiments vous appartiennent, sont de votre responsabilité.

Il existe plusieurs façons de jouer la victime : soit insister sur le fait que telle personne est méchante ou injuste envers vous, soit défendre la légitimité de votre position contre l'iniquité de celle des autres – cette dernière attitude étant la plus courante. Que cela soit vrai ou non, peu importe, le problème reste entier. Une question : « Si vous avez raison et si vous êtes si intelligent, pourquoi n'avez-vous pas atteint vos objectifs ? » Vous avez toujours la possibilité de me répondre : « Ils ne m'écoutent pas. » Mais je vous rétorquerai que de cela aussi vous êtes responsable : s'ils ne vous écoutent pas, c'est que vous ne savez pas vous faire entendre.

La conclusion est : vous n'êtes pas une victime, vous fabriquez de toutes pièces les situations et vous créez les émotions qui en résultent. Ce n'est pas de la théorie, c'est la vie. Pour changer votre position, vous devez en premier lieu admettre – aussi pénible, aussi bizarre que cela puisse paraître – que vous êtes la source du problème, que la solution se trouve au fond de vous. En vous attaquant aux points cruciaux, vous atteindrez votre cible ; une telle attitude vous donnera une extraordinaire longueur d'avance sur tous les autres. Aujourd'hui, enfin, vous ouvrez les yeux car vous avez arrêté de vous poser les mauvaises questions.

Refuser de suivre cette loi équivaut à briser un engagement. De grâce, ne dites pas : « D'accord, j'accepte cette loi et je vais créer ma propre expérience. » C'est bien, mais ce n'est pas suffisant : vous devez considérer que, *depuis toujours*, vous avez créé votre propre expérience. Pour saisir la portée de ces propos, plongez dans votre passé, réévaluez la réalité, identifiez votre responsabilité. Vous saisirez alors le lien qui existe entre les choix effectués et les résultats obtenus. Quelle fut votre conduite, quelles furent vos décisions ?

EXERCICE Nº 4

Afin de reconnaître cette part de responsabilité, souvenez-vous de certains événements où vous étiez – selon vous – une victime. Dans votre journal de bord, dressez la liste des cinq situations les plus significatives où vous vous êtes jugé victime, mal ou injustement considéré. Décrivez ces moments avec la plus grande précision afin que l'émotion alors ressentie vous submerge de nouveau.

Entre chaque récit, laissez assez d'espace pour décrire d'autres faits : racontez comment votre responsabilité fut engagée dans chacune de ces situations. Était-ce à propos de ce que vous aviez fait ? à propos de ce que vous n'aviez pas fait ? concernant votre façon d'agir ? votre négligence ? Qu'importe. Entraînez-vous à reconsidérer entièrement ces cinq situations. Accomplissez cet exercice de manière sereine et des plus sérieuses ; il se révélera déterminant dans l'élaboration de vos stratégies : si vous décidez de vivre comme une personne responsable, commencez à penser de manière responsable ; à la place arrière du passager, préférez celle du conducteur.

Le premier objectif de cette loi est le suivant : désormais, vous chercherez les solutions là où elles se trouvent. Plutôt que de dire : « Pourquoi me font-ils ça ? », préférez : « *Je* me fais subir cela, pourquoi ? » Ou : « Quelles sont les pensées, les attitudes et les décisions à modifier ? » Ainsi que la liste de questions le suggérait, non seulement vous créez aujourd'hui votre propre expérience mais vous étiez, depuis longtemps déjà, responsable de vos actes.

Puisque vous en avez pris conscience, agissez librement sur votre destin.

Tout au long de votre lecture, nous allons ensemble redessiner votre vie, affiner la stratégie qui vous conviendra le mieux. Reconnaître votre responsabilité est la pierre angulaire de cette élaboration ; laissez-vous pénétrer par cette pensée, appliquez cette résolution dans votre quotidien puis dans vos projets. Concentrez-vous sur l'essentiel, c'est-à-dire sur vos décisions et sur votre attitude *actuelles*. Ainsi, plutôt que de vous interroger sur les événements de votre vie, demandez-vous plutôt : « Comment la changer ? » Après avoir assimilé les lois qui gouvernent votre existence, après l'avoir régie comme bon vous semble, vous penserez : « Je n'ai aucune raison d'espérer une amélioration. Grâce au discernement que j'ai acquis, je *vois* pourquoi je suis déprimé, pourquoi je suis alcoolique, pourquoi j'ai été marié trois fois, pourquoi je suis coincé dans un emploi minable... Je me suis moi-même programmé pour l'échec. Un point, c'est tout. »

Ce type de raisonnement est contraire au discours conventionnel, je le sais ; il réfute la majeure partie des explications proposées par la société contemporaine. Après tout, n'est-il pas plus simple de rejeter la faute sur nos parents et sur nos professeurs ou de subir prétendument la malchance ou l'influence d'une planète ? Quand je dis que c'est plus simple, cela signifie qu'il est en effet beaucoup plus simple d'accuser les autres et de refuser sa propre responsabilité : en tant que victime, vous n'avez aucun effort à produire.

Nombreux sont les ouvrages qui traitent des familles en détresse, des enfants maltraités – qu'il s'agisse d'abus sexuels, de violences ou d'humiliations ; selon eux, notre jeunesse nous a été volée et il faut libérer l'enfant qui est en nous. À lire ces auteurs, nous nous sentons un moment soulagés ; nous voulons y croire de toutes nos forces ; cela allège tellement nos angoisses – car le message contenu est bien la non-responsabilité de l'individu. De tels propos sont des plus sensés, du moins en apparence – parce que se dire : « Je suis responsable » est proprement déroutant. Puisque vous n'avez aucune intention de vous faire du mal, la faute en revient nécessairement à quelqu'un d'autre. Vous souffrez, on a donc provoqué cette douleur : si ce n'est pas vous, ce sont les autres. Bien que cette démonstration semble des plus rationnelles, elle ne l'est pas du tout : si vous êtes un adulte, autonome, sain de corps et d'esprit, *vous* êtes responsable.

Ressentez-vous une difficulté à l'accepter ? Vous n'êtes pas le seul. La plupart de mes patients, des participants à mes séminaires comme des amis venus chercher une épaule consolatrice ou un conseil, ont tous accusé de leur malheur quelque chose ou quelqu'un. Ne perdez jamais de vue votre objectif : aussi effrayant et désagréable que cela puisse paraître, si vous voulez avoir une longueur d'avance et composer avec cette loi, soyez ferme et restez toujours réaliste. Agir différemment affecterait votre efficacité, vous ferait dévier de votre quête.

Accuser autrui est une réaction ancrée dans la nature humaine ; tenter d'échapper à sa propre responsabilité est une marque d'autodéfense : alors, on rationalise, on trouve des justifications, on veut rester innocent. Cette dynamique s'applique notamment aux situations dans lesquelles vos émotions sont à vif. Souvenez-vous : combien de fois avez-vous entendu un individu en instance de divorce dépeindre son conjoint comme un être vil, injuste, pervers, coupable de tous les maux ? Quand la colère ou la vexation entre en jeu, votre objectivité cède aussitôt la place à une telle attitude. Tandis que vous vous déchaînez contre quelqu'un, votre entendement est affaibli. Offrez-vous toutes les chances de bien diriger votre vie : ne pensez plus ainsi, ne chargez plus les autres.

Imaginez la scène suivante : vous avez perdu les clés de

votre voiture ; vous les cherchez à votre domicile, fouillant chaque tiroir, retournant chaque poche, inspectant chaque recoin. Supposez maintenant que ces clés soient restées sur le tableau de bord. Aussi méticuleux et acharnés qu'aient été les efforts déployés, vous aurez du mal à les dénicher dans votre maison – puisqu'elles n'y sont pas… De la même façon, si vous tentez de déceler les causes de vos problèmes chez les autres, c'est peine perdue – *parce qu'elles n'y sont pas.* Dans le monde qui est le nôtre, admettre sa responsabilité vous donne une longueur d'avance indéniable. Quand vous arrêterez d'être l'artisan de votre malheur, de courir après des chimères, de jouer à l'idiot et d'accuser Dieu sait qui, vous pourrez commencer à régler vos problèmes. Le plus tôt sera le mieux. Soyez sincère. Peu importe qui vous vouliez attaquer :

- Vous avez choisi.
- Vous avez prononcé ces paroles.
- Vous vous êtes contenté de peu.
- Vous êtes devenu fou.
- Vous vouliez des enfants.
- Vous vous êtes traité comme un moins que rien.
- Vous vous êtes laissé séduire par cette petite garce.
- Vous vouliez ce maudit chien.
- Vous avez fait confiance à cet imbécile.
- Ce soir-là, vous avez choisi le siège arrière.
- Vous l'avez laissé entrer.
- Vous l'avez épousé.
- Vous l'avez dorloté.
- Vous l'avez invité.
- Vous êtes responsable de vos sentiments.
- Vous avez décidé que vous n'en valiez pas la peine.
- Vous avez abandonné.
- Vous les avez laissés revenir.
- Vous avez sacrifié vos rêves.
- Vous avez choisi cet emploi.

- Vous les avez laissés vous traiter comme un moins que rien.
- Vous vouliez déménager.
- Vous l'avez oublié dans le réfrigérateur.
- Vous avez acheté ce maudit truc.
- Vous le haïssez.
- Vous vous êtes laissé embarquer dans cette sale histoire.
- Vous le lui avez demandé.
- Vous l'avez cru.

Sans être dogmatique ni « ressasseur » pour autant, je connais l'efficacité que cette technique a sur vous. Accepter cette loi de la vie fera tomber vos défenses ; si cela vous semble trop dur, retenez un point essentiel : je n'ai jamais dit que vous étiez à blâmer mais uniquement que vous étiez *responsable* – c'est très différent. Pour mériter un reproche, vous devez avoir volontairement commis quelque chose ou tenu une conduite inconsidérée ; au contraire, être responsable signifie que vous maîtrisez la situation, que vous avez fait ceci ou cela.

Quand je fais du vacarme avec des amis, quand je saute à pieds joints sur une chaise jusqu'à la briser, j'agis au mépris du bien d'autrui : étant responsable des dégâts, je suis à juste titre condamnable. Imaginez maintenant que je me sois assis et que la chaise ait cédé : je suis toujours responsable ; j'ai utilisé ce siège correctement, sans l'intention de le détruire et, si je ne suis pas critiquable, je reste *responsable*.

Je vous propose donc de reconnaître simplement que ces choix et ces attitudes sont les vôtres, que vous êtes donc toujours responsable des conséquences. Souvenez-vous la phrase de Maya Angelou évoquée dans le chapitre précédent : « Vous avez fait de votre mieux, mais quand vous en avez su davantage, vous avez fait mieux encore. » Essayez d'accéder à cette étape de votre évolution personnelle. En travaillant ensemble tout au long de cet ouvrage, nous allons affiner votre conduite.

Que faire des expériences vécues dans l'enfance ? Certains d'entre nous ont connu des situations tragiques, voire abominables, je m'en rends compte. Un enfant ne choisit pas les circonstances de son existence ; s'il a été battu ou abusé, il n'en porte aucune responsabilité. Toutefois, devenu *adulte*, vous avez la faculté de choisir que faire, *maintenant*, de votre enfance. Seul compte le présent, le passé est révolu et l'avenir est encore loin. Si un enfant a été maltraité ou violé, les statistiques révèlent que c'est le plus souvent par un membre de sa famille ou par un ami proche ; si tel est votre cas, vous avez donc subi plusieurs types d'agressions à la fois, d'ordre physique, psychologique et affectif. Aujourd'hui, si vous décidez de vous sentir sali, de vous méfier de quiconque, de refuser l'intimité et une sexualité épanouie, c'est votre choix, vous êtes responsable de votre conduite. Ce qui vous est arrivé est-il juste ? Non. Est-il juste de vivre avec cela ? Non. Est-il juste de porter ce fardeau toute votre vie ? Non. *Est-ce à vous d'assumer ce problème* ? Oui. Cette responsabilité constitue à la fois une bonne et une mauvaise nouvelle : la mauvaise, c'est que vous portez cette charge sur vos épaules ; la bonne, c'est que la décision vous appartient.

Dans le chapitre premier, nous avons évoqué certains types de comportements endémiques. Devenir responsable de sa vie en général, de sa conduite en particulier, peut se faire de deux façons : des rêves, des plans et jusqu'à la dignité même s'évanouissent en un éclair ou, au contraire, se désagrègent peu à peu. Je fus le témoin de la rapidité qui peut caractériser la première de ces éventualités.

Lors d'un procès, dans l'attente du verdict, les conséquences de vos actes vous apparaissent tout de suite ; vous vous sentez écrasé par le poids de votre responsabilité et, en un seul coup de marteau, une liberté est perdue, une fortune change de mains. C'est souvent terrible, parfois saisissant. On se retrouve à la une des journaux ; la télévision ne parle que de ça ; la terre entière semble au courant de votre malheur. Tout le monde compatit puis a tôt fait d'oublier jusqu'à votre existence. Mais pour ceux-là qui ne possèdent aucune stratégie adaptée, la vie ne sera plus jamais la même. J'ai maintes fois observé ces destinées qui basculent – un jaloux appuie sur la gâchette, un pilote prend une mauvaise décision, un garçon ivre propose à sa fiancée ce qui sera leur dernière promenade en voiture… Prendre conscience de sa responsabilité s'avère alors instantané, brutal et sans issue.

La seconde façon d'appréhender sa responsabilité est plus insidieuse mais tout aussi désastreuse – je suis sûr que vous allez la reconnaître. Jour après jour, année après année, votre vie s'étiole, s'altère, n'en finit plus de sombrer – rien de spectaculaire cette fois-ci. Vous êtes l'unique témoin de cette destruction, vous seul reconnaissez vos erreurs et la fin de vos rêves ; ces questions ne cessent de vous ronger : « Comment ai-je pu en arriver là ? » « Que m'est-il arrivé ? » « Où sont mes projets ? » « Pourquoi suis-je dans cette impasse ? »

La deuxième loi de la vie étant si décisive, examinons la meilleure méthode pour créer notre propre expérience, fondée sur nos décisions de chaque instant, donc sur leurs conséquences. Ainsi :

- Quand vous choisissez une conduite, vous en acceptez les conséquences.
- Quand vous adoptez une opinion, vous en acceptez les conséquences.
- Quand vous adoptez une opinion, vous en acceptez aussi les effets d'ordre physiologique.

Plus simplement : quand on joue, on paie. Peu importe la nature de vos choix ; de fait, ils génèrent des effets qui, peu à peu, construisent l'expérience que vous avez du monde, *constituent* cette expérience. Si vous adoptez une attitude stupide, les conséquences seront lourdes ; si vous choisissez l'imprudence ou la négligence, vous courez le risque d'un accident ; si vous décidez de partager la vie d'un être violent et destructeur, vous allez au-devant d'une grande souffrance affective ; si vous vous droguez, si vous buvez, un avenir sombre vous guette. À l'instar des comportements, vos *pensées* contribuent également à cette expérience ; une pensée dépréciatrice engendre renoncement et perte de l'estime de soi ; d'une pensée égarée par la colère et de l'aigreur naîtront l'aliénation, la solitude et l'agressivité.

N'allons pas plus loin sans mentionner le rapport entre le corps et l'esprit ; quand vous choisissez une pensée, vous adoptez en même temps les événements d'ordre physiologique qui lui sont associés. Par exemple : vous croquez dans un cornichon aigre-doux à l'aneth ; imaginez le bruit de cette première bouchée et l'explosion des saveurs. Que se passe-t-il en vous ? Vous commencez à saliver, n'est-ce pas ? Vous expérimentez une *transformation d'ordre physiologique*. Prenons un autre exemple : une nuit, vous marchiez seul dans une rue non éclairée, ou bien vous cherchiez votre voiture dans un parking souterrain entièrement désert. Dans ce type de circonstances, n'avez-vous pas entendu soudain du bruit derrière vous ? Votre corps a tout de suite réagi, et la seule pensée d'être en danger vous a fait frissonner, votre cœur s'est mis à battre à tout rompre, votre vigilance est devenue extrême, vos nerfs étaient à vif.

Une connexion puissante est ici à l'œuvre. De votre état physiologique dépendent vos capacités d'action : votre corps obéit au message transmis par l'ordinateur central ; vos idées dépressives anéantissent votre énergie, vous établissez votre propre programme mental et physiologique. Pensez à la puissance de votre monologue intérieur : tandis que nous pouvons converser avec des dizaines de collègues une journée entière, c'est avec nous-même que nous parlons constamment. Certains ont dans la tête un disque qui passe en boucle, à l'infini. Quoi d'étonnant à ce que leurs performances soient si faibles ? Voici les pensées négatives les plus répandues :

- Je ne suis pas assez intelligent.
- Ils sont plus intéressants et plus instruits que moi.
- Je ne suis pas aussi bon qu'eux ; je ne suis pas à la hauteur.
- Je ne peux pas et je ne vais pas réussir.
- Je finis toujours par abandonner.
- Peu importe ce que je fais, cela ne change jamais rien.
- Ils se sont déjà fait une idée de moi, je ne peux rien y changer.
- Je me laisse porter par le courant ; rien ne change jamais.
- Ils se rendront vite compte à quel point je suis bête.
- Je suis une femme, ils n'écoutent jamais les femmes.
- Je suis trop jeune pour faire ça.
- Je suis trop vieux pour faire ça.

EXERCICE N° 5

Écrivez sur une carte et dans votre journal de bord la liste de vos dix « ruminations » favorites. Gardez la carte sur vous ; dès que des pensées négatives vous submergent, inscrivez-les sur cette carte. Observez à quel rythme elles surviennent. Une fois de plus, il ne suffit pas de lire cet exercice, vous devez le faire. Mettre à jour cette liste est un élément clé dans la construction de votre expérience.

Nous avons posé comme principe général qu'adopter une conduite implique d'accepter ses effets. Examinons maintenant quelques mécanismes spécifiques, en nous concentrant sur les choix les plus usuels. Je ne me place pas ici sur un plan théorique mais je parle de situations concrètes, existant dans notre quotidien.

- Vous choisissez votre place.
- Vous choisissez votre manière d'agir.
- Vous choisissez vos paroles.
- Vous choisissez vos actes.
- Vous choisissez votre interlocuteur.
- Vous choisissez la question à creuser.
- Vous choisissez vos convictions.
- Vous choisissez le moment de dire oui.
- Vous choisissez le moment de dire non.
- Vous choisissez d'accorder votre confiance.
- Vous choisissez de vous méfier.
- Vous choisissez les réactions à adopter face à tel ou tel stimulus.
- Vous choisissez votre opinion à l'égard :
  de vous-même,
  des autres,
  des risques encourus,
  de vos besoins,
  de vos droits.

L'une de vos décisions les plus importantes et les plus courantes touche à votre rapport aux autres, à la manière dont vous vous présentez à eux. Chacun d'entre nous possède sa propre « façon d'être au monde » ; chacun d'entre nous a son allure, son attitude ; dans nos relations avec autrui, nous suivons tous une ligne de conduite. Tandis que les uns évoquent la personnalité, d'autres parlent de style. Cela est crucial, car notre approche des autres conditionne leurs réactions. Chaque jour, l'ensemble de vos choix contribuent à accroître votre expérience ; à leur tour, ils déterminent comment le monde vous répond. Regardons de plus près ce processus.

La réciprocité

Le principe de réciprocité est très simple : vous recevez ce que vous avez donné. Vous l'expérimentez tous les jours. Un beau matin, vous rencontrez par hasard une connaissance, qui vous dit : « Bonjour, comment allez-vous ? » Vous lui répondez : « Très bien, et vous ? » Elle vous répliquera : « Bien, merci. » Rien d'étonnant à cela ; voilà un échange tout à fait convenu. Sans doute est-il alors peu probable que l'un des interlocuteurs fonde en larmes, racontant avoir découvert sa femme, la nuit dernière, au lit avec son amant ; la réaction serait déplacée : dans une relation de pure politesse, personne ne se livre ainsi. Vous recevez ce que vous avez donné : l'exemple était prévisible et caractéristique. La même situation pourrait se produire à un tout autre niveau. Vous engagez la conversation : « Oh ! la la, tu as l'air en colère. Quelque chose ne va pas ? » L'interaction se situe à un degré différent, plus intime ; vous recevrez donc une réponse plus directe.

Il existe un nombre infini de façons d'entrer en relation avec les autres – à nous de savoir les utiliser et de sélectionner le bon moment. Mais il y a une constante qui vous définit aux yeux du monde ; la somme totale de vos interactions composera alors votre expérience du monde. Les gens ont un style, tout comme vous, et l'on décrit souvent quelqu'un en soulignant l'un de ses traits : « c'est un fonceur » ou : « ce client est accommodant ». Tandis que certains adoptent une approche combative, voire brutale, d'autres sont pusillanimes et se font piétiner. Votre attitude dictera la réplique. Ne vous plaignez pas des réactions que l'on a à votre égard car, croyez-moi, vous les avez provoquées. En étudiant votre type d'approche en toute sincérité, vous commencerez à mieux saisir la logique des interactions. En voici des exemples qui vous y aideront. Vous reconnaissez-vous dans l'une de ces catégories ? Sinon, créez la vôtre.

Le porc-épic

Les personnes de ce type semblent avoir le corps recouvert de piquants tant elles abordent chaque situation dans la crainte d'une agression. Elles sont déterminées à trouver des torts à quiconque, elles interprètent n'importe quel geste, n'importe quelle phrase comme une offense de lèse-majesté. Tenter de s'approcher d'elles nécessite quelques précautions – il faut être très prudent et se tenir à distance... Une relation avec un porc-épic semble perdue d'avance car il se plaint sans cesse de la réserve ou de la froideur de son entourage. Le porc-épic n'a pas conscience de son état.

Le soumis

Nous avons tous rencontré un chien maltraité qui, à notre approche, se roule par terre, les quatre pattes en l'air en signe de soumission. Certains sont ainsi : « C'est de ma faute, je le sais. J'ai tout gâché. Je mérite d'être puni. » Ils font bien comprendre qu'ils sont toujours en tort et attendent le châtiment. Convaincu d'être en bas de l'échelle, le soumis est destiné à subir réprimandes et brimades. En général, les autres aiment à le conforter dans cette opinion.

Le grand seigneur / La grande dame

Il (ou elle) considère les autres comme de petits paysans mal dégrossis qui devraient être honorés de sa simple présence. Il se croit dans un conte de fées. De telles personnes considèrent leurs agissements comme étant de la plus grande importance. Prétendre qu'elles sont arrogantes et égoïstes est très en dessous de la réalité : elles sont persuadées que le monde tourne autour d'elles. Par réaction, ce monde les traite avec rancœur ; les membres de leur famille et leurs collègues tentent souvent de se débarrasser discrètement d'elles, en sous-main. Exemple : s'il se met à pleuvoir, personne n'indiquera à sa majesté que les vitres de sa voiture sont baissées. Le grand seigneur n'imagine pas que son départ soit célébré dans la liesse.

Le poseur

Le poseur pourrait tout aussi bien être un mannequin dans la vitrine d'un magasin de mode. Superficiel au plus haut point, il se comporte comme si la stupidité était une vertu et la futilité un don du ciel. Son but étant de paraître supérieur à vous et de vous le faire savoir, il passe le plus clair de son temps à prendre des poses avantageuses, à jouer le faux modeste pour attirer les louanges. Tenter de rassurer un poseur équivaut à remplir le tonneau des Danaïdes. En persistant dans son approche frivole, le poseur crée une expérience dépourvue d'authenticité et d'intimité.

Le maître de l'univers

Le maître de l'univers a un seul but, somme toute assez simple : contrôler le monde. Il souhaite gérer votre vie et tout ce que vous avez malencontreusement mis à sa portée. Il domine l'ensemble des interactions. Le maître de l'univers vous dictera vos pensées et vos sentiments ; il se servira de vous et de son entourage afin de parvenir à ses fins. Si quelqu'un devient inutile, ce n'est qu'un petit désagrément : il le remplace sur-le-champ. À cet égard, le maître du monde témoigne d'un appétit d'ogre. Insensible à la souffrance d'autrui, il entretient uniquement des relations à sens unique. La réaction des autres sera la rébellion, le rejet ou la résignation. Son expérience de la vie est faite de frustration et de solitude.

La tragédienne

Pour cette hystérique, tout est extraordinaire, jusqu'au fait le plus banal. Un petit bobo devient à ses yeux une plaie béante ; un simple accrochage en trottinette prend des allures de catastrophe aérienne ; le moindre commentaire qui lui est adressé oscille entre la déclaration d'amour enfiévrée et l'insulte ordurière. La tragédienne révèle une telle approche du monde qu'elle en perd toute crédibilité. Les gens qu'elle côtoie s'aperçoivent vite de sa démesure et tendent à ignorer ses propos. Chez elle, rien ne sera pris au sérieux. L'expérience de la tragédienne est marquée d'inanité – et de sourires en coin.

La victime

Elle n'est jamais responsable de rien car les choses ne lui arrivent pas, elles lui *tombent* dessus. La victime se juge prisonnière dans le train d'enfer de la vie et tous les passagers veulent sa peau. Elle se lamente, verse toutes les larmes de son corps et accuse les autres de l'ensemble de ses malheurs. Assez vite lassés par cette attitude de chien battu, les gens portent peu de respect à cet être sans dignité. L'expérience de la victime est synonyme de passivité, de faiblesse et d'apathie.

Le petit génie

Monsieur « Je-sais-tout » incarne la maxime : « L'analyse paralyse. » Il dissèque le moindre élément jusqu'à perdre l'essence même d'une situation ou d'une rencontre – donc de la vie. Son approche du monde lui vaut d'être jugé intelligent mais intraitable. Parce que ses analyses sans fin ennuient les gens, en général on évite la fréquentation du petit génie. Son expérience se caractérise par une existence insipide et l'absence de liens affectifs.

Le comploteur

Il surveille toujours ses arrières et vous chuchote à l'oreille un « secret » qu'il est le seul à détenir. Il le partagera avec vous – et uniquement avec vous... Il a la réputation d'avoir des plans douteux, dont il faut se défier. On comprend vite que s'il vous confie une horreur, il la mettra bientôt sur votre compte ; en sa compagnie, on doit rester prudent, personne ne souhaite lui confier des renseignements qui deviendront l'objet de sa prochaine rencontre au sommet… Au bout du compte, ce comploteur se couvre de honte ; en essayant de tisser des liens de confiance et d'intimité sur le dos des autres, il causera sa propre perte.

Le « oui, mais… »

De tous les animaux qui marchent sur deux jambes et se servent de leurs pouces, il est sans doute le plus frustrant. Peu importe ce que vous lui dites, qu'importe la solution ou la participation que vous lui offrez, sa réponse reste : « Oui, mais… » Il s'ensuit une myriade de raisons justifiant l'inutilité de vos contributions. Parce que sa présence est si frustrante, on le fuit comme la peste. *Provoquant* des frustrations, il *devient* frustré. Son expérience est marquée par le conflit avec la terre entière.

La « Scarlett O'Hara »

Elle tente par tous les moyens d'éviter les difficultés. Elle dit : « Je m'en occuperai demain » ou : « Demain est un autre jour. » Le monde l'ignore, la considère comme un être irréaliste. On s'aperçoit qu'il est inutile d'aider quelqu'un incapable de régler ses problèmes. Alors on renonce.

Le masque

Par une ironie du sort, c'est l'énergie déployée pour cacher « quelque chose » qui révèle que ces personnes ont, dans leur vie, quelque chose à cacher. Mais quand les gens font eux-mêmes tous leurs efforts pour voir derrière le masque, ils se heurtent au repli, concluant donc que ce qu'ils voient n'est pas ce qui est. Le masque est indigne de confiance, ce qui lui barre la route du succès. Pour lui, les relations importantes sont potentiellement impossibles.

Le « Docteur Jekyll et Mister Hyde »

Comme son nom l'indique, il est entièrement imprévisible. La personne à qui, la veille, vous aviez dévoilé votre fragilité peut fort bien, aujourd'hui, ne pas se montrer digne de vos confidences. Vous comprenez vite que la transformation de « Mister Hyde » en « Docteur Jekyll » peut être brutale, ce qui provoque de la peur et de la méfiance. La barrière ainsi créée procure des problèmes insurmontables à tous les « Docteur Jekyll et Mister Hyde » de ce monde.

La bonne âme

La bonne âme croit dur comme fer que notre monde est composé de gens purs de cœur et d'intention. Elle s'obstine à être innocente et refuse d'assumer la moindre obligation recommandée par la plus élémentaire des sagesses. Elle se tortille de gêne quand ses chastes oreilles entendent des blasphèmes tels que « Mon Dieu » ou « Seigneur Jésus ». Elle déploie tant de prudence qu'elle se voit exclue du mouvement général de la vie. Je ne parle pas ici des gens dotés d'un véritable sens moral mais de ceux qui tentent de s'imposer – ou d'imposer aux autres – des objectifs chimériques.

Le perfectionniste

À l'opposé des autres, le perfectionniste a décidé qu'il serait parfait. Il considère cet objectif à l'égal d'une vertu. Il *doit* être parfait. En réalité, l'énoncé de sa « mission » est défini par l'arrogance et la condescendance. Il n'attend pas de vous que *vous* soyez parfait, il l'attend uniquement de lui-même ; ainsi sera-t-il meilleur : « Vous pouvez commettre des erreurs. Moi, je dois rester parfait. » Parce que la perfection n'existe pas, il est constamment frustré et n'atteint aucun de ses objectifs. Bien que son expérience soit caractérisée par la déchéance et la tristesse, il continue de se vanter : « Je suis un perfectionniste. » Et le monde lui répond : « Essaie d'abord de vivre. »

Le fataliste

La fin du monde est proche, le fataliste le sait. Que ce soit à son travail, à la maison ou dans ses relations amoureuses, que ce soit dans les domaines économiques ou climatiques, le désastre est imminent et, aussi vrai que Dieu règne au Paradis, ce sera terrible. Le fataliste est anxieux, stressé, allant d'un cataclysme à un autre. Destinés à créer des effets, ses « scénarios catastrophe » sont jugés irritants et pénibles.

L'éternel insatisfait

Rien, mais vraiment rien, n'est à son goût. C'est trop chaud ou trop froid, c'est trop loin, c'est trop fatigant, c'est trop dur. L'éternel insatisfait irait jusqu'à se plaindre de la corde destinée à le pendre. Personne n'est attentif à ses besoins, personne ne s'occupe de lui – la vie est trop injuste. Il n'a pas bénéficié du même traitement, il n'a pas eu la même chance que les autres. Il pleurniche tout le temps. Son expérience du monde est une épreuve incessante. Par réaction, son entourage aimerait bien le gifler et lui dire : « Tais-toi et fais avec ! Mais surtout tais-toi ! »

Le culpabilisateur

Il a compris que la culpabilité constitue une arme pour manipuler et dominer les autres ; il sait l'utiliser pour les faire plier. Il se plaint, joue les martyrs ; quoi que vous fassiez, vous l'avez profondément blessé. Pour avoir commis un tel crime, vous êtes condamné à vous sentir coupable de tout, de vos pensées et de vos sentiments. Honte sur vous.

En parcourant cette liste, peut-être vous êtes-vous retrouvé ou du moins avez-vous décelé certains éléments de votre type d'approche. Avez-vous reconnu des personnes de votre entourage ? Cette énumération vous a fourni, je l'espère, un aperçu de leurs comportements. En acceptant cette deuxième loi, vous ne serez plus une victime. Si vous êtes seul dans une voiture qui roule sans conducteur, il est certain qu'un accident va se produire. Alors, prenez le volant : créez en toute conscience l'expérience qui vous convient.

Je voudrais revenir sur un point abordé dans le chapitre premier, à savoir qu'il vous est possible de *ne pas* choisir – car cela aussi reste un choix. Vous ne pouvez donc pas me rétorquer : « Je refuse la responsabilité de choisir les conséquences. Je souhaiterais que vous ne me disiez pas ce genre de choses… » De toute façon, je vous les dirai – et cette deuxième loi préexiste à mon discours. Admettez une fois pour toutes qu'il vous est impossible de *ne pas* choisir et décidez de *choisir*, d'établir votre propre expérience. Conclusion : vous êtes entièrement responsable de l'existence que vous menez, de vos sentiments comme de vos réactions.

En transformant votre manière d'être, vous serez aussi amené à réaliser des choses que vous n'aviez jusqu'alors jamais faites, à vous retrouver en terre inconnue et cela vous effraiera peut-être. La nature humaine est ainsi faite qu'elle résiste souvent aux situations inconnues, inédites. Soyez convaincu du bien-fondé de votre entreprise et passez outre : adoptez une attitude résolument ouverte.

En disant « non », je n'ai jamais enrichi mon expérience. Au contraire, tout s'est amélioré le plus simplement du monde quand je me suis dit : « D'accord, pourquoi pas ? Je tente le coup. » Peu importe si je disais « oui » à un film qui, *a priori* n'allait guère me plaire, ou si je disais « oui, je vais aller au collège » : en étant décidé, j'ai découvert de nouvelles possibilités. À laisser l'apathie et la paresse prendre le dessus, il n'y a rien à espérer. Soyez un esprit volontaire, allez de l'avant tout en restant, bien sûr, avisé et prudent. Face à quelqu'un qui vous propose de la cocaïne, il faut faire preuve de volonté et lui conseiller d'aller voir ailleurs ! Sortez de votre trou et regardez autour de vous ; vous serez surpris de vos découvertes. Plus vous resterez attaché à un comportement irréfléchi, plus il vous sera difficile d'en créer un nouveau ; il vous faudra parfois en sortir lentement, pas à pas ; une toute petite fenêtre peut vous servir d'issue de secours.

L'histoire de Jennie

Lors d'un de mes séminaires, il y a quelques années de cela, j'ai rencontré une femme qui avait été, tout au long de son enfance et au début de son adolescence, battue et violée par son grand-père. Âgée de cinquante ans, après quelque trente années de mariage, Jennie m'avoua qu'elle se sentait encore salie, brisée et qu'elle se jugeait indigne de son époux. Les larmes aux yeux, cette femme d'une grande beauté m'expliqua qu'elle ne pouvait supporter son reflet dans le miroir ; sa sexualité lui répugnait, elle haïssait son corps. Elle me confia également qu'elle avait un tel dégoût d'elle-même qu'elle se lacérait parfois les bras et les jambes à coups de lame de rasoir ou de couteau.

Dans son couple, l'intimité affective et physique avait été impossible puisque Jennie considérait le sexe comme une chose dégradante, immonde. L'emprise de son grand-père était si forte que l'évoquer, lui ou tout autre homme, ravivait en elle le traumatisme. Dès que son mari l'approchait, elle avait des convulsions et des nausées.

Malgré la patience et l'attachement de son époux, Jennie était persuadée que son grand-père l'avait marquée d'une tache indélébile. Tandis que sur le plan rationnel elle considérait la sexualité comme un don précieux de l'amour et de la confiance partagés par un couple, sur le plan affectif elle pensait que sa vie présente lui avait été volée par son grand-père. Plus elle tentait d'étouffer sa souffrance et sa culpabilité, plus sa plaie s'ouvrait, empoisonnant son mariage et détruisant l'image qu'elle avait d'elle-même. Elle ne pouvait affronter son problème, elle n'osait pas songer à ce grand-père alors décédé – « cela faisait trop mal ».

Jennie se souvenait avoir tenté d'avouer à sa mère ce qui se passait. Mais sa mère, outrée, la punit pour les « mauvaises pensées » qu'elle avait à l'égard de ce grand-père si « gentil ». Angoissée, seule, désemparée, Jennie se replia sur elle-même et se culpabilisa : après tout, « une méchante petite fille devait souffrir ». Elle était salie et le serait toujours, se disait-elle ; terrifiée à l'idée que quelqu'un pourrait voir le mal caché en elle, convaincue d'avoir commis des choses affreuses, elle était jugée, condamnée. Toute petite, esseulée, apeurée, elle se sentait enfermée dans une pièce sombre et glaciale, me raconta-t-elle. Et puisque cette souffrance s'était abattue sur elle et non pas sur son grand-père, c'était donc bien elle « la personne mauvaise »… Lors de l'enterrement de son grand-père, l'« homme de Dieu » avait même fait l'éloge de la loyauté et de l'honnêteté du défunt. Jennie aurait voulu se lever et crier : « Non, non, ce n'est pas vrai ! Il m'a fait du mal ! » Mais à cette occasion et dans toutes les autres occasions de sa vie, elle avait gardé le silence. Elle était restée seule avec sa douleur et avec sa honte.

Une lueur d'espoir brillait dans ce récit car Jennie voulait s'en sortir, désespérément ; elle savait qu'un mur se dressait entre elle et son mari, un mur qu'elle détestait. Après six longues et difficiles journées de séminaire, j'ai aidé Jennie à réaliser que son grand-père – un être déséquilibré et pervers – la poursuivait encore depuis sa tombe. Pour Jennie, le dialogue fut très pénible ; puis, peu à peu, elle commença à dépasser certains types de réactions. Ce qu'elle avait vécu, elle le refusait violemment, elle ne parvenait pas à l'accepter, ni même à le reconnaître. S'extirper de ce monde de dénégation était plus que difficile – et ce qu'elle désirait par-dessus tout, c'était s'enfuir.

Vive et belle, Jennie apparaissait comme une femme déterminée : c'est à elle que ses amis venaient demander conseil quand ils avaient des peines de cœur ; c'est vers elle qu'ils se tournaient quand tout allait de travers. Pour révéler aux autres et s'avouer à elle-même qu'elle n'était pas ce personnage fort, elle allait ôter le masque social qui la protégeait. Vaincre son inertie fut sans doute la tâche la plus ardue ; devant constamment aborder ses souvenirs d'enfance, Jennie était terrorisée, mais elle persévéra, força le passage – il fallait y aller maintenant. Ce périple la mènerait dans des contrées obscures où elle devrait combattre des monstres bien réels ; et malgré tout l'amour et le soutien de ses proches, elle devait le faire seule.

Jennie réalisa tout d'abord qu'elle avait perdu le contrôle, permettant alors à son grand-père d'exercer une influence sur son mariage comme sur elle-même ; elle s'aperçut que l'accepter équivalait à réitérer les viols ; jour après jour, ce vieillard continuait à lui prendre sa dignité, sa liberté. Le principal écueil résidait dans cette peur si ancienne, et Jennie avait perdu presque tout espoir. En pleurs, la tête baissée, elle semblait si fragile, si malheureuse, que j'aurais aimé la prendre dans mes bras pour la consoler. Mais je ne l'ai pas fait : l'homme réaliste que je suis savait pertinemment qu'elle seule pouvait se libérer de sa prison, qu'elle devait lutter avec ses propres armes et décider de n'être plus jamais la victime de son grand-père. Au terme de l'une de nos conversations, je lui demandai de répondre à cette série de questions :

- « Et si vous méritiez mieux, autrefois comme aujourd'hui ? »
- « Et si vous aviez tort : si ce n'était pas de votre faute ? »
- « Et si votre mère était trop faible pour vous croire et vous protéger ? »

- « Et s'il n'était pas trop tard : si vous pouviez changer les choses ? »
- « Et si c'était vous, et non lui, qui vous étiez enfermée durant toutes ces années ? »
- « Et si la porte de cette pièce sombre et glaciale se verrouillait de l'*intérieur* et non de l'extérieur ? »
- « Et si je pouvais vous dire, maintenant et ici, comment vous libérer : le feriez-vous, aussi effrayant que cela puisse paraître ? »

Ces questions la troublèrent mais je lus dans ses yeux une lueur d'espoir : « Peut-être, si je… » Jennie devait comprendre qu'*elle seule* détenait la clé de sa cellule. Ma stratégie fut de l'aider à assumer ses sentiments, à réclamer son droit à la dignité et au respect. Après avoir travaillé d'arrache-pied pendant six jours, elle parvint à creuser une ouverture au sein de sa prison – je priai pour qu'elle ne la laisse pas se refermer. Ma question suivante fut capitale : « Êtes-vous dégoûtée au point d'en mourir ou, au contraire, au point de vous battre, de défendre votre intérêt ? Quoi que vous puissiez rencontrer, voulez-vous saisir votre chance ? » Jennie frémit, sanglota mais, pour la première fois, elle me regarda dans les yeux et me répondit : « Oui, je le veux, je le veux tout de suite. »

Les autres participants au séminaire furent témoins de cette évolution. À l'insu de Jennie, j'avais recruté un volontaire qui ressemblait en tous points, jusqu'à la monture de ses lunettes, à la description qu'elle m'avait faite de son grand-père, et je l'avais placé juste derrière elle. Je m'adressai à Jennie : « Si vous ne tolérez plus une minute de plus d'être enfermée, eh bien, dites-le-lui, dites-lui ce qu'il vous a fait. » Je l'ai obligée à se tourner vers cet homme.

Comment décrire l'intensité de la scène ? Trente années de souffrance et de haine resurgirent : « Tu es un monstre. J'étais une toute petite fille. Tu m'as brisée, tu m'as pris mon enfance. Tu es un lâche. Tu me dégoûtes. Je te reprends ma vie. Je te méprise. Tu ne me feras plus de mal ; jamais plus je ne serai prisonnière ; jamais plus je ne subirai ton influence. Je ne me sentirai plus jamais sale ni abîmée, pas un seul instant de ma vie. Tu es abject, moi non. Ce n'est pas moi. Tu m'entends ? Il y a trop longtemps que je souffre, ça suffit maintenant. Je suis une femme honnête et pure. »

Tandis qu'elle acceptait de voir la vérité et de distinguer les responsabilités, Jennie reconnaissait qu'elle seule avait le dernier mot, qu'elle seule pouvait aujourd'hui mettre un terme à la honte et au malheur. Je la vis également faire preuve de force et de courage quand elle parvint à lui pardonner : non pas pour lui mais pour elle, afin de briser ses derniers liens. Elle prit ce risque parce qu'elle était vraiment prête, parce qu'elle n'avait plus rien à perdre. Elle s'était lancée et avait gagné sa place dans le monde.

Cette rencontre eut lieu il y a dix ans mais l'histoire ne s'arrête pas là. Voici peu de temps, Jennie m'appela ; elle me raconta que son mari était mort deux jours auparavant ; la dernière nuit, il lui avait fait promettre de me téléphoner pour me remercier. Seuls dans la chambre d'hôpital, ils avaient échangé ce qu'ils savaient être leurs dernières paroles. Il lui avait dit combien il avait été heureux avec elle, puis il avait ajouté : « Merci encore d'avoir eu le courage de sortir de ta prison pour venir dans mes bras et dans mon cœur. Les dix dernières années que nous avons partagées valaient bien d'attendre trente ans. » Tout avait commencé le jour où Jennie avait décidé qu'il n'était pas trop tard, qu'elle méritait bien davantage. Ce n'est pas moi qu'il faut remercier. Il faut remercier Jennie d'être devenue responsable. En comprenant la deuxième loi, en créant sa propre expérience, Jennie a réclamé son droit à la vie, tout simplement. Et vous ?

CHAPITRE IV

On fait ce qui nous satisfait

« En vérité je ne comprends pas mes propres actions :
car je ne fais pas ce que je veux, mais je fais ce que je hais. »
Saint Paul, Épître aux Romains, 7, 15

LOI N° 3
ON FAIT CE QUI NOUS SATISFAIT

Votre stratégie : repérez les satisfactions profondes, les gratifications attachées à votre comportement. Maîtrisez-les afin de maîtriser votre vie.

Âgé de dix ans, Christopher adore la liberté que lui offre sa bicyclette. Aujourd'hui, revenant à la maison après sa leçon de piano, il s'arrête dans le parc pour jouer au basket. Il sait qu'il sera en retard et que sa mère va s'inquiéter. Il aime sa maman, il ne veut pas lui faire de peine et, pourtant, il continue ses jeux.

À vingt-six ans, Katelyn a déjà perdu sa mère et deux grands-parents, morts d'un cancer. Une éventuelle prédisposition à cette maladie l'effraie : elle y songe souvent en ouvrant son second paquet de cigarettes de la journée.

Jason en est à sa deuxième condamnation. La jeune fille qu'il fréquente voudrait rentrer chez elle. Il sait qu'il devrait la laisser partir mais il ne le fait pas ; il sait qu'il ne doit pas la retenir contre son gré. Il sait que sa mère sera déçue. Pourtant, il verrouille la porte de la chambre d'hôtel et commence à se déshabiller.

Barry et Kay savent qu'ils font du mal à leurs enfants en se disputant continuellement en leur présence. Après plus de neuf années de mariage, ils savent qu'aborder leurs problèmes d'argent le soir, à la maison, se transforme souvent en querelle. Ce jour-là, la tension est si dense qu'on pourrait la couper au couteau. Pourtant, aucun d'eux ne suggère de reporter la discussion à un autre moment, et la lutte continue.

Kimberly donnerait n'importe quoi pour retrouver la ligne. Elle a pris trente-sept kilos. Son apparence est tout pour elle. Elle déteste son corps et s'acharne sur sa coiffure et son maquillage comme s'ils allaient compenser son excédent de poids. Allongée sur son lit, elle entame sa troisième tablette de chocolat.

Si vous ressemblez peu ou prou à l'un de ces personnages, il vous est arrivé des centaines voire des milliers de fois de dire ou d'effectuer quelque chose de frustrant, que vous êtes ensuite incapable d'interrompre. « Quel est mon problème ? », avez-vous alors pensé. « Pourquoi répéter cela à l'infini ? » « Je déteste cela, je me hais quand je le fais. Alors pourquoi continuer ? » Voilà de bonnes questions. Pourquoi faites-vous cela ? La réponse réside dans la présente loi qui, comme les précédentes, est on ne peut plus fondée. Vous réalisez ces choses parce que, à un certain niveau, cela vous est utile : apparemment indésirables, ces comportements possèdent pourtant un sens et un but.

En lisant les histoires de Christopher, de Katelyn, de Jason, de Barry et Kay et de Kimberly, avez-vous remarqué un point commun avec votre propre existence ? Ils réalisaient des actions qu'ils ne souhaitaient pas réaliser, tout en étant conscients de devoir en affronter les conséquences. Cependant, ils continuaient – tout comme vous.

Désormais, vous savez que votre attitude est entièrement responsable des effets obtenus. Si vous répétez inlassablement le même comportement, sans doute vous apporte-t-il quelque résultat ; inversement, si vous ne répétez pas une conduite, c'est que ses conséquences sont jugées inutiles. En d'autres termes, elles n'ont rien d'intéressant. Quand vous touchez une plaque brûlante, l'effet est immédiat et désagréable, vous n'avez nulle envie de recommencer. En comprenant que changer un comportement, c'est en changer les conséquences, vous comprenez qu'en agissant différemment, vous obtenez des résultats différents. Vous avez fait un pas de géant dans l'amélioration de votre vie.

Savoir ce que vous avez à effectuer et savoir comment l'effectuer sont deux points très différents. Hélas, les conduites que nous détestons le plus sont également celles que nous adoptons le plus souvent. Pourquoi ? Pourquoi répéter ce qui vous fait souffrir ? C'est proprement illogique. Vous êtes un être rationnel, doté de toutes ses facultés intellectuelles… Pourtant, vous agissez ainsi. La liste est longue, j'en suis sûr : vous mangez quand vous ne voulez pas manger ou quand vous n'avez pas faim ; vous allumez une cigarette quand vous ne voulez pas fumer ; vous perdez votre sang-froid quand vous souhaitez rester calme ; vous vous pliez aux exigences d'autrui alors que vous voulez penser à vous seul ; vous craquez sous une trop forte pression tandis que vous voulez rester combatif ; vous vous sentez coupable alors que vous désirez le contraire ; vous demeurez devant votre poste de télévision toute la soirée au lieu de faire de l'exercice, de lire ou de partager un moment avec votre conjoint et vos enfants – mais vous le faites quand même, et souvent.

Comprendre comment éradiquer un tel comportement est indispensable. Deux méthodes sont possibles : soit agir pour obtenir ce que vous souhaitez, soit arrêter les conduites illogiques. Vous ne pourrez jamais éliminer ces dernières si vous n'en saisissez pas les causes premières. Quelle est l'explication fournie par la troisième loi de la vie ? Afin d'en saisir la dynamique, il vous faut percer les mystères de la nature humaine ; vous savez déjà que l'attitude détermine les résultats mais ce que vous ignorez encore est ceci : ces résultats agissent et se produisent à différents niveaux de la conscience, adoptant des formes variées. Cela est vrai notamment en ce qui concerne les types de comportements. Quand une attitude devient presque automatique, elle attire peu l'attention et on n'en évalue ni les causes ni les effets. Votre vie est pleine de ces situations qui semblent guidées par votre pilote automatique, que vous traversez sans réfléchir, où vos réactions sont machinales.

Vous agissez ainsi parce que vous percevez qu'elles vous sont « utiles ». Cela signifie que, d'une action en apparence non désirée, vous retirez un type de « satisfaction ».

Et, nous le verrons plus loin, cette formule se vérifie toujours, *même si*, à un autre niveau de la conscience, vous estimez que cette action vous nuit, vous déplaît, vous fait souffrir. Un bon exemple est la manière de s'alimenter. Sur le plan purement rationnel, vous savez que trop manger est déconseillé mais cela ne suffit pas pour vous arrêter. Partant du principe que les gens font uniquement ce qui leur est utile, trop manger devrait donc leur convenir.

Tel est le sens premier de cette loi de la vie : jamais vous n'adopteriez une attitude dépourvue de toute satisfaction. Appliquez cette vérité à la lettre et assumez, aussi étrange et illogique que cela puisse paraître, votre désir – que vous le vouliez ou non, il existe. Comme vous le savez sans doute déjà, le concept de « recherche de satisfaction » est un élément essentiel dans l'élaboration de plusieurs types comportementaux, un concept central dans l'observation animale. Pendant des décennies, des psychologues ont fait courir des rats dans des labyrinthes, leur apprenant à retrouver leur chemin pour faire retentir une sonnette ; les scientifiques ont mis au point cet apprentissage en faisant correspondre sonnette et nourriture, donc en récompensant l'effort du rat. L'animal comprend très vite « ce qui marche » et « ce qui ne marche pas ». Je ne dis pas que cela est bien : je dis simplement que vous êtes prêt à travailler pour recevoir une « gratification » – quelle qu'en soit la nature.

L'action et la récompense

Nous sommes tous modelés par notre environnement – et tous de la même façon. Prenons l'exemple de ces nombreux parents qui, en entendant les cris déchirants que leur bébé pousse dans son berceau, accourent et répondent à ce comportement par un câlin. Le nourrisson comprend vite la logique – par ses hurlements, il obtient réconfort et plaisir – et, bientôt, il les utilisera pour obtenir la même satisfaction. Cela vous fait-il réfléchir ? Commencez-vous à comprendre pourquoi telle ou telle attitude de votre conjoint perdure ? Et quelles en sont les satisfactions profondes, plus ou moins perceptibles ?

Ce processus engendre parfois des conséquences désastreuses. On m'a souvent demandé comment une personne saine d'esprit pouvait devenir masochiste. Cette réalité-là semble en effet dépasser la fiction : comment quelqu'un peut-il tirer du plaisir de la souffrance ? Faut-il être fou ? Pathologique mais possédant sa propre logique, ce comportement a sans doute été acquis après une suite de demandes et de récompenses réitérées ; en appliquant ce principe simple, vous le saisirez plus facilement.

En règle générale, l'histoire personnelle des masochistes révèle qu'ils ont été maltraités dans leur enfance. Pensez-y. Avant tout, un enfant tient à l'amour et au réconfort de ses parents ; à l'instar du nourrisson évoqué dans le scénario précédent, il fera tout son possible pour attirer leur attention. Mais supposons que ce papa-là et cette maman-là, plutôt que de répondre à ses cris par des caresses, en soient irrités, perdent leur sang-froid et le battent. Nous savons que les parents violents agissent par impulsion : le plus souvent, après avoir fait exploser leur rage, ils reprennent leurs esprits et à la colère succède la culpabilité. Alors, pour réparer l'horreur qu'ils ont commise, ils rassurent leur bébé, lui parlent tendrement, lui offrent toute la chaleur dont il a tant besoin. Il faudra peu d'incidents de ce genre pour que l'enfant associe plaisir et douleur, pour qu'il apprenne que le chemin vers l'amour et la consolation passe par la souffrance. Ce processus peut vous sembler terrible, écrasant, mais il n'en reste pas moins logique, implacable.

Par chance, l'inverse est également vrai. Quand un type de comportement est suivi d'effets négatifs et pénibles, il est en général abandonné. Rappelez-vous la brûlure causée par la plaque chauffante. La toucher est si douloureux qu'aucune récidive ne sera possible – même par les plus entêtés ou les plus étourdis. En supprimant tout effet positif attaché à une mauvaise attitude, vous obtiendrez la même chose : si votre bébé ou votre conjoint ne parvient pas à attirer votre attention en boudant ou en s'emportant, ce comportement va disparaître.

Les nuances propres à cette dynamique sont trop nombreuses pour être énumérées ici, mais je pense que vous avez saisi l'essentiel – vous en saviez sans doute déjà beaucoup. C'était la partie facile, le plus compliqué reste à venir : il consistera à repérer les différentes gratifications auxquelles vous, ou les autres, répondez ; cela est indispensable pour saisir au plus juste les rapports de causalité. Pour arrêter certains de vos agissements, vous devrez briser le lien existant entre l'action et sa récompense. Et si vous souhaitez comprendre quelqu'un, évaluez en premier lieu ce qui le fait marcher. Cet apprentissage vous semble-t-il constituer un outil de manipulation ? Oui, vous avez raison. Un exemple : votre patron, un être égocentrique, préfère raconter ses exploits passés de footballeur plutôt que de manger quand il a faim et, par-dessus tout, il n'y a rien qu'il aime davantage que de pérorer devant un auditoire béat. Vous connaissez donc un moyen d'obtenir sa bienveillance. Cela ne signifie pas qu'il vous faudra supporter ses récits ennuyeux, cela veut simplement dire que cette « récompense » pourra vous servir.

Pensez-vous être différent ? Croyez-vous échapper à ce mécanisme ? Constituer une exception à cette loi de la vie ? Non, vous avez tort. Votre analyse n'est pas assez fine ; peut-être n'avez-vous pas bien saisi la définition et la portée de la notion de récompense. Il vous reste donc à envisager l'ensemble des situations où des gratifications ont, à votre insu, guidé votre conduite. Elles revêtent des formes innombrables, complexes, parfois pathologiques : s'infliger des punitions, s'accorder trop d'importance, se venger…

La gratification la plus facile à mesurer est, bien sûr, l'argent : il nous pousse à partir travailler alors qu'il serait tellement plus agréable de rester à la maison ou de dormir toute la matinée. Nous accordons une grande valeur à l'argent ; pour l'obtenir, nous sommes prêts à beaucoup de sacrifices et d'efforts. Parfois plus puissantes encore, les principales récompenses d'ordre psychologique sont l'assentiment, l'encouragement, la louange, l'amour, l'amitié, la convoitise, la punition, l'épanouissement. Elles nous poussent toutes à répéter certains comportements. Appartenant à une catégorie plus vaste, le sentiment de sécurité résulte d'une vie saine ou d'un repli sur soi causé par la peur du conflit. Les récompenses d'ordre spirituel s'expriment de plusieurs façons : la paix de l'âme, s'unir avec une puissance supérieure, être droit et juste. D'ordre physique, visant au bien-être, d'autres s'acquièrent par une alimentation équilibrée, de l'exercice régulier, un contrôle de son poids et une sexualité heureuse. Dans un autre registre, certaines gratifications d'ordre physique sont issues de l'intimidation, de la domination d'autrui ou d'une préoccupation excessive de son corps – qu'elle soit positive quand il s'agit de garder la ligne, qu'elle soit négative quand on en vient aux automutilations.

La réussite est également recherchée, de même que la reconnaissance d'autrui dans son champ de compétence et la satisfaction d'avoir accompli sa tâche. Bien moins positif est le besoin vital d'estimer sa valeur à l'aune de ses seules performances professionnelles : on appelle ça le syndrome du bourreau de travail. En effet, les gratifications d'ordre social se manifestent par un sentiment d'appartenance à un groupe et augmentent selon l'implication dans ce groupe, en particulier si vous en êtes le responsable ; manquant de confiance en elles, certaines personnes dépendent trop fortement de cette acceptation par la collectivité.

L'ensemble de ces catégories détermine le comportement de la plupart d'entre nous. Tandis que les uns sont davantage attirés par l'argent, les autres le sont par le succès. En cherchant à saisir le *pourquoi* de vos actes, analysez en toute honnêteté *ce que vous allez y gagner*. Parfois, les gratifications seront manifestes, parfois il vous faudra user d'une grande perspicacité. Quand elles sont poussées à l'extrême, toutes deviennent nocives : si vous avez trop investi dans un épanouissement professionnel, votre famille s'en trouve négligée ; si, au contraire, vous êtes dominé par votre vie affective, vous ne parvenez plus à résoudre vos problèmes financiers.

Percevez-vous la logique de votre propre système ? Soyez vigilant, car la recherche de la satisfaction est hélas si forte qu'elle maintient une conduite *consciemment* non souhaitée. Par exemple : vous souffrez de solitude, vous voulez obtenir des gratifications d'ordre social et psychologique, donc entrer en relation avec autrui. Mais votre peur d'être rejeté est si grande qu'il vous semble préférable d'échapper à cette anxiété plutôt que d'affronter les gens. Dans ce conflit intérieur, la solution la plus facile et la plus immédiate est de rester à la maison et d'écarter toute activité. Voilà comment une gratification prévaut – parce que le chemin était plus court et moins ardu.

L'histoire de Karen

Il y a quelques années, j'ai pu observer un type comportemental aberrant et apparemment non désiré. Sans les outils offerts par la troisième loi de la vie, le cas de cette patiente me serait sans doute resté incompréhensible. Selon les périodes, Karen arborait entre vingt-cinq et cinquante kilos de trop. Elle avait pris l'habitude de perdre du poids puis de le reprendre aussitôt – cela vous rappelle-t-il quelque chose ?... Elle affirmait vouloir maigrir, reconnaissait que cet excédent pondéral altérait son apparence et lui causait des problèmes de santé ; elle pouvait me réciter tous les bienfaits d'un régime et saisissait les grandes satisfactions qu'elle en retirerait. Pourtant, le même scénario se rejouait, invariablement : après s'être débarrassée de 80 % des kilos indésirables, Karen échouait dans ses efforts, apparemment sans explication, et retrouvait sa lourdeur. Prête à toucher au but, elle se sabordait.

Je me rendais bien compte que Karen retirait quelque

chose de ce sabotage organisé. En respectant son seuil de tolérance, j'étudiai son comportement. J'appris alors que cette jeune femme avait été violée dans son enfance : ce traumatisme avait eu pour conséquence de lui faire prendre son corps en horreur, de l'empêcher de vivre sa sexualité ; dès qu'elle était désirée, elle ressentait en effet angoisse et culpabilité. Conscients de cette situation, nous avons compris que prendre du poids, c'était refuser d'être attrayante, c'était donc créer une sorte de sécurité. Le regard d'un homme lui inspirant du dégoût, de la honte et de la peur, elle se réfugiait dans sa prise de poids pour neutraliser le danger. Karen parvint à décrire son comportement : « C'est comme si j'enfilais une combinaison de cinquante kilos. » Mais cette « couche protectrice » ne tenait pas longtemps : tandis qu'elle éloignait l'angoisse et les regards pendant quelques mois, elle laissait bientôt place à la solitude et à la détresse de se voir si grosse. À ce moment-là se refermait le cercle vicieux : perdre du poids puis le regagner. Le combat recommençait : d'un côté il y avait une gratification d'ordre psychologique – être à l'abri, hors de toute sexualité –, de l'autre une gratification provisoire mais puissante – maigrir et retrouver l'estime de soi. Quand Karen repéra ce qui la poussait à se saborder ainsi, elle put commencer à résoudre son véritable problème. Elle avait brisé son enfermement.

Le processus mis en œuvre dans l'histoire de Karen était délicat et complexe. Souvent, il est plus simple. Par exemple, la plupart des obèses mangent trop avant tout parce qu'ils en retirent beaucoup de plaisir ; cette gratification d'ordre physique est pour eux plus importante que celle d'habiter un corps mince. Selon les cas, la nourriture a plusieurs buts : la célébration d'un événement, l'automédication, la lutte contre la solitude, un lien social, une participation à un festin.

En ce qui vous concerne, le comportement à éliminer peut être cette conduite alimentaire, ou tout autre chose. En étudiant le *pourquoi* d'une action, vous devrez au préalable repérer les gratifications qui la provoquent et la plombent. Qu'elles soient apparentes ou dissimulées, qu'elles soient saines ou relèvent de la pathologie, ce sont bien elles qui nous motivent. Réfléchissez longuement pour identifier le comportement, la pensée et le choix à supprimer, puis posez-vous cette question : « Quel en est le bénéfice ? Quelle est ma récompense ? » À partir de là seulement vous pourrez commencer à changer votre existence.

EXERCICE N° 6

Faisons une pause et examinons les caractéristiques de votre vie. Ouvrez votre journal de bord et notez les cinq types de comportement ou les cinq situations parmi les plus frustrants et les plus persistants. Décrivez avec précision chacun d'entre eux. Essayez de trouver les mots justes afin de rendre au mieux l'intensité d'une attitude. Puis, en deux ou trois phrases, expliquez pourquoi vous la jugez négative. Mais voici la partie la plus difficile de l'exercice : pour chaque situation, analysez, repérez et consignez la gratification qui vous semble la provoquer et l'entretenir.

Afin de vous aider dans votre tâche, laissez-moi répertorier les catégories de récompenses les plus courantes – excepté l'argent. Chaque individu, nous l'avons vu, désire avant tout être accepté par les autres et, par-dessus tout, il craint d'être rejeté. À cela vous pourriez me rétorquer que la quête première de l'homme est le succès et sa grande peur l'échec. Mais ne jouez pas avec les mots, car avoir du succès revient à dire que vos actions sont acceptées par autrui ; et si vous avez raté votre entreprise, peut-être est-ce parce qu'on vous a rejeté, vous et ce que vous proposiez. Durant votre évaluation, n'oubliez jamais ce point essentiel : toutes les personnes que vous rencontrerez devront accepter ce que vous avez à offrir à ce moment-là.

Restez attentif ; cette angoisse du rejet guide peut-être votre vie. Car il est toujours plus simple de ne rien faire, de ne pas tenter sa chance... Si l'un de vos comportements semble peu constructif, bloqué, replié, interrogez-vous : est-ce pour éviter à tout prix un refus ou est-ce parce que vivre ainsi est simplement *plus facile* ? En adoptant la seconde éventualité, votre gratification est un soulagement apparent, un sentiment de sécurité – vous voilà débarrassé de la crainte que toute perspective de changement fait naître.

Satisfaction immédiate et satisfaction différée

Un autre élément à considérer est l'opposition marquée entre « satisfaction immédiate » et « satisfaction différée ». Nous sommes loin d'avoir été éduqués à retarder notre plaisir : la restauration *rapide*, le commerce de *proximité* et les plats *tout préparés* en constituent autant de preuves. Nous sommes conditionnés à rassasier nos désirs sur-le-champ ; plutôt que d'attendre une gratification importante, nous préférons récolter une petite récompense instantanée. Une telle attitude explique pourquoi nous aimons mieux rester au lit le samedi plutôt que d'aller courir : tandis que la grasse matinée procure un bien-être immédiat, le jogging est bon pour notre cœur et nous promet une vie plus longue et plus agréable – mais nous n'en profiterons que dans vingt ou trente ans...

Aussitôt leur diplôme en poche, plusieurs de mes amis désiraient acquérir une voiture neuve. Ils acceptèrent ensuite le premier emploi venu, qui ne réclamait aucune qualification mais qui leur permettrait de payer leurs traites : en achetant cette auto, ils accédaient directement à leur désir. D'autres élèves de ma classe décidèrent de poursuivre leurs études. Tandis que les premiers optaient pour une gratification immédiate, les seconds la différaient, privilégiant le long terme et la garantie d'un niveau de vie supérieur. Soulager *sur-le-champ* sa douleur, posséder *sur-le-champ* un objet : voilà qui comptera au plus haut point dans la conduite de votre vie.

Ces notions essentielles sont à considérer dans la réalisation de l'exercice n° 6. Ne vous sentez pas frustré, ne laissez pas tomber, poursuivez votre analyse : il existe bien une rai-son à cette conduite-là – sinon vous ne l'auriez pas adoptée. L'aveuglement est votre pire ennemi.

Le système que nous fabriquons tous peut être des plus complexes et se révéler aussi finement tissé qu'une toile d'araignée. Mais si vous vous débattez dans la répétition d'attitudes destructrices, vous libérer est non seulement bénéfique, c'est essentiel pour obtenir ce que vous voulez et ce dont vous avez besoin. Une vie harmonieuse, constructive n'est pas concevable si la moitié de vous-même obéit à un maître tandis que la seconde en sert un autre. Un exemple : d'un côté vous désirez participer à la vie sociale, aimant la camaraderie – soit une gratification d'ordre social –, de l'autre vous ne voulez pas prendre le risque d'être rejeté – soit une gratification d'ordre psychologique. Cette opposition vous rendra fou ou, du moins, entretiendra un conflit intérieur durable.

Diverses gratifications, en particulier celles qui soulagent et qui calment l'angoisse, sont, à l'instar des drogues, sources de dépendance. La peur des résultats devient ainsi un principe actif surpuissant qui enfermera et brisera votre existence. De même, la possibilité d'échapper à la douleur possède un pouvoir attractif très fort ; effrayé par tout événement nouveau, vous végéterez, heureux de votre torpeur, à l'image d'un zombie. Soyez réaliste, sinon elle vous écrasera. Aussi difficile que soit votre situation actuelle, suivez votre étoile, ne la perdez pas des yeux : elle vous montrera le chemin. Elle réside dans ces pensées :

- C'est hors de toute logique mais, quand j'agis de manière répétitive, j'en reçois une satisfaction.
- Ce serait mentir que de prétendre le contraire.

- Si je la cherche, je la trouverai bien, car elle est là, cette satisfaction.
- Ce n'est pas seulement vrai pour certaines de mes attitudes mais c'est *toujours* vrai.
- Je ne fais pas exception à la règle. Car il n'y a pas d'exception.

Gardez cette vérité en mémoire et vous approcherez du but. Lorsque vous aurez découvert cette gratification, vous pourrez enfin vous en débarrasser. Si vous échouez, vous resterez une marionnette dont les fils sont tirés par une main inconnue.

L'histoire de Bill et Denise

Je rencontrai Bill et Denise dans l'un de mes séminaires, il y a dix ans. Tous deux étaient l'archétype du couple jeune, heureux et riche : actifs, intelligents, semblant maîtriser leur existence, ils étaient pleins de charme, en bonne santé, en excellente forme et très amoureux. En somme, ils avaient tout pour eux. Puis je fis la connaissance de leur fille, Megan. Âgée de quatre ans, elle souffrait de plusieurs malformations congénitales : elle ne pouvait ni marcher, ni parler, ni contrôler ses gestes. Il était à peine croyable qu'une si petite personne fût accablée d'autant d'infirmités ; affectée de troubles neurologiques graves, d'une insuffisance cardiaque et pulmonaire, le palais et la lèvre fendus, ce bout de chou en chaise roulante faisait peine à voir. Malgré un regard vibrant et un cœur courageux, son corps refusait de coopérer.

Au cours des années suivantes, l'état de Megan ne fit qu'empirer. Ses parents nous apprirent alors ce qu'étaient l'amour et l'abnégation. Jamais une plainte, jamais un signe de fatigue. Tout ce qui était en leur pouvoir, ils le firent pour adapter leur fillette au monde. Leur conduite fut proprement édifiante.

Plutôt que d'enfanter à nouveau, ils choisirent l'adoption. La chance leur sourit et, très vite, ils accueillirent un petit garçon vigoureux ; Jeffrey avait les cheveux couleur sable, de grands yeux verts et une solide constitution : il était un don du Ciel. Dès qu'il fut en âge de comprendre, Bill et Denise lui racontèrent l'histoire de sa sœur. Malgré une communication très limitée de la part de Megan, les liens qui unissaient les deux enfants étaient extraordinaires. Ils se comprenaient parfaitement.

À l'âge de huit ans, Megan avait déjà souffert de nombreuses angines. Mais, cette fois-ci, le mal semblait s'aggraver. Le docteur rassura les parents, leur garantissant l'effet des antibiotiques : Megan allait bientôt se remettre. Denise n'était pas de cet avis, elle sentait que ce n'était pas une crise comme les autres. Elle me confia que sa fille paraissait épuisée, qu'elle n'avait plus assez de forces pour lutter ainsi, en permanence. Tandis que le père et les grands-parents gardaient espoir, Denise restait en alerte, silencieuse, inquiète.

L'agonie de Megan commença au milieu de la nuit, en plein hiver, et fut très rapide : parce qu'elle avait peine à respirer, elle fut conduite d'urgence à l'hôpital où elle tomba aussitôt dans le coma et fut placée sous respiration artificielle. Puis vint l'heure de la décision. Les machines qui la maintenaient en vie ne faisaient que retarder l'inévitable. Son visage trahissait une expression d'angoisse. Ses parents n'avaient plus le choix : prolonger cette petite vie si précieuse et si fragile aurait été cruel et égoïste. Quand on arrêta les appareils, le silence fut assourdissant. Megan partit dans la sérénité. Dans une pièce stérile il y avait une enfant morte et deux parents extrêmement seuls.

Pendant plusieurs mois, je n'eus aucune nouvelle de Bill et de Denise. Puis je les retrouvai au sein d'un groupe de soutien créé pour aider les parents qui ont vu mourir leur enfant. Ils n'étaient plus ce couple joyeux et dynamique que j'avais jadis rencontré ; ils semblaient vidés. Mais loin de pleurer la perte de leur fille, ils exprimaient de la colère contre eux-mêmes car ils avaient, disaient-ils, « échoué » en tant que parents. L'un critiquait l'autre, lui reprochant d'être froid et distant à l'égard de Jeffrey, qui avait atteint ses cinq ans. Après la mort de Megan, Bill et Denise semblaient s'être éloignés de leur fils.

Nous étions à la fin de décembre. Même s'ils savaient fort bien que Jeffrey attendait Noël avec l'excitation et l'innocence de son âge, ils avouèrent que nul sapin, nulle décoration n'égayaient leur foyer ; le petit garçon vivait dans un univers affectif des plus pauvres ; ses parents, en qui il avait mis toute sa confiance, agissaient comme s'il avait commis quelque chose de répréhensible. Par la suite, Bill et Denise reconnurent qu'ils manquaient de tendresse à son égard ; bien sûr, cette attitude les révoltait et les culpabilisait, mais ils admirent qu'ils privaient leur fils d'amour et de tendresse, se montraient froids et absents, le faisaient souffrir, lui faisaient payer des fautes dont il n'était pas responsable. Enfin, tous deux déclarèrent qu'ils feraient tout pour recouvrer la liberté d'aimer et de choyer leur enfant.

La question que je leur posai était prévisible : « Si vous haïssez à ce point ce que vous faites endurer à Jeffrey, pourquoi continuez-vous ? » Leur réponse passa par toutes sortes de justifications et autres rationalisations pour se réduire à : « Nous ne savons pas. » Ils voulaient briser cet enfer et se donner vraiment à Jeffrey mais ils en semblaient incapables et en ignoraient la cause. Sans raison apparente, Bill et Denise ressentaient aussi l'un pour l'autre beaucoup d'amertume et se refusaient l'amour, la confiance et l'intimité. Jamais ils n'évoquaient Megan et interdisaient à quiconque d'en parler.

Concernant ce couple, je pense que votre analyse rejoint la mienne. Mais la première conclusion venant à l'esprit est trop hâtive – Bill et Denise reprocheraient à Jeffrey d'être en vie tandis que leur pauvre petite Megan était morte. Non, c'était plus complexe et bien plus profond ; en appliquant la loi de la vie dont il est question ici, nous pouvons aller plus loin : la gratification qu'ils devaient en retirer était singulièrement puissante, assez forte pour priver leur fils d'affection, pour écraser leur désir d'offrir de l'amour. Comment est-ce possible ? Qui oserait avancer que l'attitude de ces parents se justifiait ? C'est pourtant ce que j'affirme. Les gens ne font que « ce qui marche ». Si, à un certain niveau, cette conduite ne leur avait pas apporté quelque chose, Bill et Denise ne l'auraient jamais adoptée ; en refusant de l'admettre, ils ne s'en débarrasseraient jamais. Vouloir échapper à la douleur crée une dépendance, nous l'avons vu. « La fatigue nous rend tous lâches », dit-on. Il en va de même d'une grande souffrance affective.

Si Bill et Denise ne comprenaient pas leur attitude à l'égard de leur fils, c'est parce qu'ils en recevaient une gratification – cela les aurait rendus fous de savoir que c'était pour eux-mêmes qu'ils brisaient le cœur de leur enfant. Tout d'abord, ils se disputèrent avec moi, se défendant d'être mesquins, égoïstes ou négligents. C'était insoutenable. Puis, en se concentrant sur cette vérité, en admettant très progressivement – aussi illogique que cela paraisse – que leur conduite comportait bien une gratification, nous sommes tombés d'accord. Enfin, ils découvrirent l'explication de tout cela.

Aujourd'hui, Bill et Denise vous diront que l'immense douleur qu'il ont ressentie à la disparition de leur fille les avait tellement ravagés qu'ils en furent glacés. Parce que Megan était tellement fragile et démunie, ses parents s'étaient mis à l'aimer très fort ; la violence de cet attachement les avait entraînés dans une course folle qui s'était achevée, brutalement, en les brisant. Bien qu'elle fût prévisible, la mort de Megan ne constituait pas une expérience à laquelle ils avaient pu se préparer. Pendant les derniers jours, ils savaient une seule chose : cette souffrance indicible devait s'évanouir pour qu'ils puissent survivre. Bill et Denise vous diront aujourd'hui qu'ils connurent un réel effroi qui les tétanisa, qui les empêcha de s'investir affectivement dans quoi que ce fût. Parce qu'ils avaient perdu un être cher, ils s'infligeaient cet autre chagrin. Sans en prendre conscience, ils tenaient Jeffrey à distance. En effet, ils ne pouvaient plus s'exposer à une nouvelle douleur, ils ne le supporteraient plus. Aimer Megan puis la voir mourir, cela les avait anéantis. Ils ne ressentaient plus rien, ils n'avaient plus rien à donner, pensaient-ils.

Quand ils laissaient Jeffrey se rapprocher d'eux, l'amour et la chaleur familiale horrifiaient le jeune couple. Car la dernière fois qu'ils avaient éprouvé de tels sentiments, ils en avaient subi un effet dévastateur. Alors, en évitant tout nouveau lien affectif, ils se sentaient protégés. La gratification recherchée était l'assurance d'éviter à jamais la souffrance et l'angoisse ; c'était une recherche d'anesthésie. Notre plus grande peur est d'être rejetés : pour eux, la mort de Megan avait constitué le plus écrasant des rejets.

Quand on allume la lumière, les fantômes disparaissent – tel est souvent le cas, que ce soit pour les enfants ou pour les adultes. Quand vous affrontez vos démons, ils deviennent minuscules et s'enfuient. Quand Bill et Denise eurent le courage d'accepter ce mécanisme de survie, ils purent aborder et exorciser leur problème. Ils retrouvèrent le chemin qui menait à Jeffrey. Aujourd'hui, cette famille est heureuse, épanouie, pleine d'amour et de confiance. Leur conduite précédente étant inadéquate, ils l'ont abandonnée.

Posez-vous cette question : « Suis-je, sans m'en apercevoir, dépendant du sentiment de sécurité que me procure ma peur de la douleur, de l'échec ou de la vie ? » Si vos rêves peinent à se réaliser, il serait sage de vous en remettre enfin à votre étoile pour comprendre vos blocages.

Conclusion : vous modelez votre comportement par les gratifications que vous recevez. Découvrez-les : ainsi serez-vous en mesure de gérer votre conduite ou celle des autres. Saisissez ce concept. C'est à cette seule condition que votre maîtrise se développera de manière extraordinaire.

CHAPITRE V

On ne peut changer
ce qu'on ne s'avoue pas

« Nous les tenons. »
Général George A. Custer,
attaqué à Little Bighorn en 1876

LOI Nº 4
ON NE PEUT CHANGER
CE QU'ON NE S'AVOUE PAS

Votre stratégie : soyez honnête avec vous-même et avec votre entourage. Reconnaissez ce qui ne marche pas dans votre vie. Arrêtez d'inventer des prétextes : il serait temps d'obtenir des résultats.

Peut-être plus que les précédentes, cette loi vous paraît évidente. D'une certaine manière, elle l'est en effet. Si vous refusez d'accepter une pensée, une circonstance, une difficulté, une situation ou une émotion, si vous refusez de tenir votre rôle, vous ne changerez rien, c'est sûr. Certains de vos comportements destructeurs perdureront, allant en s'aggravant jusqu'à s'incruster dans votre existence. Par exemple : votre médecin vous demande si vous souffrez de vertiges. Au lieu de lui dire la vérité, vous lui répondez : « Non, pas du tout ». Qu'arrivera-t-il ? Le médecin cessera de s'occuper de ce problème, qui persistera donc, et cherchera dans une autre direction ; parce qu'il a présumé que vous vouliez vous sentir mieux, il vous a laissé le soin de repérer vos symptômes.

On a tendance à croire qu'il est possible de se fier à son propre jugement. De même que le médecin s'appuyait sur votre franchise pour établir son diagnostic, de même il vous revient de ne pas vous cacher la vérité. Mais, comme nous l'avons vu dans le chapitre IV, vous êtes pris entre deux feux ; si, en déniant la réalité d'un problème, vous cherchez à calmer votre angoisse, vous êtes loin de représenter un informateur des plus sûrs…

Faites le point en toute honnêteté, regardez où vous en êtes aujourd'hui, évaluez votre situation, l'état de votre mariage, de votre vie affective, considérez vos projets. Cette estimation est fondamentale : elle déterminera les conseils dont vous avez besoin. Car si vous vous mentez à *vous-même* à propos de l'un de ces domaines, vous risquez de brouiller votre image, de sorte que la mise en place d'une stratégie – même la plus éprouvée – s'en trouvera compromise. Prenez conscience que cette dissimulation peut revêtir deux formes : la déformation de la réalité ou le mensonge par omission. Refuser le réel est aussi dangereux que le travestir. Alors, armez-vous de courage pour poser les vraies questions et formuler les bonnes réponses.

À cet instant de votre vie, peut-être pensez-vous : « Je n'ai pas la moindre idée des *questions* à me poser et encore moins des réponses ! » Rassurez-vous, nous nous occuperons de cela dès que aurez en main les outils nécessaires. Étudiez tout d'abord l'ensemble de vos convictions, de vos positions, de vos types comportementaux et confrontez-les à la vérité de cette loi. Vous ne pouvez vous permettre de mentir ni de dénier la réalité. Car le déni brise les rêves, ruine tout espoir, anéantit la solution qui s'annonçait. Il est capable de vous tuer. Je ne le dis pas pour dramatiser mais bien parce que c'est vrai ; j'en ai observé les tristes effets au sein de toutes les classes sociales. Il est temps désormais de le chasser de votre vie : commençons par reconnaître que, en chaque homme, réside un mécanisme d'autoprotection que les psychologues appellent « réflexe de défense » ou « mécanisme de défense ».

Ce mécanisme vise à nous protéger des faits et des pensées que nous nous sentons incapables de gérer ou d'affronter. Peut-être avez-vous entendu parler de cette forme d'« amnésie partielle » qui advient souvent lors de situations particulièrement traumatisantes. Au cours de ma vie professionnelle, j'ai rencontré beaucoup de gens qui, ayant été les témoins de la mort ou de la mutilation d'un enfant, d'un être cher, avaient effacé l'événement de leur mémoire ; j'ai également travaillé avec des personnes qui, ayant survécu à des accidents horribles, en étaient revenues gravement blessées, brûlées ou amputées et avaient gommé tout souvenir de cette expérience.

Dans de telles circonstances, la mémoire sélective, ce réflexe de défense, peut être considérée comme un bienfait. Mais, comme c'est le cas dans la plupart des situations, ce mécanisme possède deux versants ; il est loin d'être toujours positif, il est loin de toujours vous protéger des seuls traumatismes. J'attire votre attention sur ce fait car, comme la quatrième loi le stipule, c'est en reconnaissant cette condition que vous pourrez, en pleine conscience, la dominer. Si une caractéristique du comportement humain entrave votre lucidité, il vous faut le savoir.

L'activité de ce réflexe de défense est constante ; destiné à vous éviter d'affronter ce que vous ne voulez pas affronter, il vous empêche parfois de déceler un signal d'alerte important : vous ne voyez pas que votre patron vous estime moins ; vous ne vous rendez pas compte de la détérioration d'une relation amoureuse, et le fossé va se creuser ; vous n'avez pas repéré les signes avant-coureurs d'une grave maladie qui, si elle avait été dépistée et traitée à temps, aurait été guérie ; aveugle, vous n'avez perçu chez vos enfants aucun indice d'une dépression, d'une prise de drogue ou d'alcool.

Au cours de mes études de troisième cycle, je repris un travail sur le réflexe de défense mené quelques années auparavant par un psychologue beaucoup plus ingénieux que moi. Dans le cadre de mes recherches, j'utilisai un projecteur de diapositives afin de montrer des mots à un certain nombre de sujets. Je pouvais déterminer avec précision la durée de projection de chacun de ces termes, qui apparaissaient à l'écran une fraction de seconde ou indéfiniment. Pour cette expérience, j'avais fait appel à un petit groupe de dames plutôt conservatrices et d'un âge respectable. Avant de leur demander de regarder les diapositives, nous avions branché sur leurs tempes et sur leurs avant-bras un dispositif sophistiqué destiné à mesurer le moindre changement physiologique. Puis notre séance commença avec une série de termes, des plus anodins – tels que « chêne » et « diligence » – jusqu'aux plus provocants – que la bienséance m'empêche de citer ici…

Quand le mot « chêne » ou « diligence » fut présenté, il fut immédiatement repéré et noté – même s'il n'apparaissait qu'une toute petite seconde. En revanche, les mots plus gênants furent beaucoup moins bien perçus – alors qu'ils furent projetés dix fois plus longtemps que les précédents. Un mécanisme de défense empêcha les sujets de les lire, tout simplement. D'ailleurs, tandis qu'ils omettaient de les signaler et ne témoignaient d'aucun d'embarras, les tests physiologiques, quant à eux, enregistraient la plus grande activité : la température interne, le rythme cardiaque et divers indicateurs de stress étaient au plus haut. Le subconscient avait parfaitement reconnu les mots dangereux, le corps avait réagi à ces stimuli mais la conscience ne pouvait et ne désirait rien voir. On n'en voulait rien savoir.

La « perception sélective » avait d'une part protégé les valeurs et les croyances de ces vieilles dames, d'autre part elle avait dévoyé leur appréhension du monde. Chez vous, elle provoque le même effet : quand on perçoit son environnement à la manière d'un texte privé de la moitié de ses lettres, on vit nécessairement hors de la réalité. Êtes-vous triste de passer à côté de la vie ? Non ? Alors, je pense que ce réflexe de défense a encore tout pouvoir sur votre volonté. Attention, cela peut concerner des faits bien plus graves, et votre « tache aveugle » vous empêche de les discerner. C'est affreux rien que d'y penser.

Avec le déni de la réalité, le réflexe de défense, qui en constitue la source, affecte le cours de votre existence de manière inimaginable. Vous ne pouvez changer ce que vous ne voyez pas, ce que vous ne vous avouez pas. Rien ne se règle avec le temps, surtout à rester aveugle.

Durant ma carrière, j'eus l'insigne privilège de travailler dans le secteur de l'aviation en tant que psychologue consultant au service de diverses compagnies – depuis ma prime enfance, l'aviation représente l'une de mes grandes passions. À l'instar d'un médecin légiste qui pratique une autopsie afin de déterminer la cause d'un décès, un psychologue peut être appelé, après une catastrophe aérienne, pour mener une expertise et reconstituer les facteurs d'ordre psychologique ayant pu contribuer au désastre. J'ai pratiqué cette activité un peu partout dans le monde. Mon instrument de travail était la boîte noire qui contient des enregistrements, provenant de la cabine de pilotage, lors des trente dernières minutes du vol, ainsi que toutes données relatives notamment à l'altitude atteinte et à la vitesse de l'appareil au moment de l'accident. J'établissais l'historique détaillé des membres de l'équipage afin de préciser l'éventuelle incidence d'événements antérieurs, j'étudiais les différentes versions des témoins oculaires et des survivants. Malgré son aspect troublant, car elle touchait à la mort, cette expérience m'apprit énormément sur la façon, en cas de situation extrême, de résoudre les problèmes humains, de gérer une crise, de diriger une équipe et sur tous les mécanismes psychiques et émotionnels. J'appris aussi beaucoup sur la force du déni.

Une catastrophe aérienne

Il était minuit passé d'une minute. Le ciel était dégagé, la visibilité était de huit kilomètres. Le vol 427 avait à son bord plus de deux cents personnes, dont la moitié de nationalité américaine ; il se dirigeait vers un aéroport situé dans un pays d'Europe de l'Est qui venait d'ouvrir ses frontières. Le commandant de bord, Mallen, et son copilote, Holleman, travaillaient ensemble pour la première fois. Leur auxiliaire de navigation était le signal radio habituel ; mais, plus qu'à l'ordinaire et parce qu'ils refusaient de se fier au système de navigation de l'aéroport d'arrivée, ils utilisaient des références avant tout visuelles.

En descendant sous les 3 000 mètres afin de se préparer à l'atterrissage, il n'y avait dans la cabine aucune conversation superflue – ainsi que l'exige la réglementation. Tout l'équipage était à son poste.

L'aéroport était installé à l'extrémité d'une vallée large de quinze kilomètres seulement ; de chaque côté, des montagnes aux cimes enneigées s'élevaient à plus de 3 660 mètres. En positionnant correctement l'appareil, les instruments de bord devaient indiquer l'aéroport à douze heures, au nord – juste en face de l'avion. On pouvait alors déclencher le pilote automatique, ce qui fut fait. Mais quand l'appareil atteignit 2 400 mètres d'altitude, tandis que l'équipage attendait l'autorisation de poursuivre la descente, leurs instruments indiquèrent que l'aéroport était beaucoup plus à gauche de leur trajectoire, à environ dix heures. Le dialogue suivant est une partie de la transcription de l'enregistrement.

00 h 01 mn 14 s – Le copilote [*à propos des instruments qui indiquaient la situation de l'aéroport à droite et non devant*] : « Qu'est-ce qui ne va pas avec cet instrument ? »
00 h 01 mn 20 s – Le commandant : « Je ne sais pas, continuons, il va se réajuster. Continuons. »
00 h 01 mn 32 s – Le copilote : « Je l'ai réparé mais il ne marche toujours pas. Il fonctionnait pourtant au début, non ? »
[*Le commandant ne répond pas.*]
[*En bruit de fond, on entend le personnel de bord donner les dernières instructions avant l'atterrissage. Ils remercient les passagers d'avoir choisi cette compagnie.*]
00 h 01 mn 48 s – Le copilote : « Je ne comprends pas… Cet appareil est complètement bousillé… Il indique que nous sommes… Il indique que l'aéroport… Il n'est pas… Il indique que l'aéroport est là-bas. Alors pourquoi notre direction est-elle de 060 degrés (nord-est) ?… Ça ne marche plus ?… »
00 h 01 mn 54 s – La tour de contrôle : « Vol 427, vous avez l'autorisation d'atterrir sur la piste 35R, vents 355 à dix nœuds. Altimètre 30.06. »
00 h 02 mn 00 s – Le copilote : « Vol 427 prêt à l'atterrissage… euh… sur la piste 33R… euh… 35R. »

00 h 02 mn 05 s – Le commandant : « Voilà, je l'ai centré. Je ne... je ne sais pas... À gauche maintenant, à gauche, on va droit sur l'aéroport. Euh... nous sommes prêts à l'atterrissage... Commencez, commencez... Non ! Arrêtez tout ! Ça ne va pas... »
00 h 02 mn 23 s – Le copilote : « Regardez à droite ! Nous devrions peut-être... »
00 h 02 mn 26 s – Le système de contrôle au sol : « Bip ! Bip ! Redressez l'appareil. Impact imminent. Redressez l'appareil. Impact imminent. Bip ! Bip ! »
00 h 02 mn 27 s – Le commandant : « Qu'est-ce que c'est... Redressez ! Redress... »
[*Bruit du choc.*]

Le dernier son enregistré fut celui du vol 427 se fracassant au sommet d'un massif culminant à 3 660 mètres. L'explication technique de cette catastrophe est très simple : en pénétrant dans la vallée, les pilotes étaient soucieux car cette destination leur était peu familière ; préoccupés par les communications radio, peinant à comprendre l'anglais approximatif des contrôleurs aériens, ils n'avaient pas remarqué qu'ils déviaient vers la droite d'un degré par seconde – en effet, le pilote automatique avait été programmé vers une mauvaise direction. L'avion traversait la vallée à huit kilomètres par minute ; cette dernière étant large de quinze kilomètres seulement, il ne lui fallut qu'une minute pour quitter sa trajectoire à une altitude inférieure aux cimes montagneuses.

Selon moi, ce qui causa la mort de l'équipage et des deux cents passagers, c'est le déni de la réalité. En étudiant leurs conversations, on s'aperçoit qu'à 00 h 01 mn 14 s, le copilote a des informations laissant suggérer que ce n'est pas la bonne trajectoire. La formation des pilotes est très claire : si vous êtes perdu dans une zone montagneuse, ne discutez pas pour savoir quelle est la meilleure méthode à adopter. Règle nº 1 : « Prenez de l'altitude, prenez de l'altitude immédiatement. » L'altitude est votre amie.

Par respect pour les personnes impliquées, j'ai modifié

quelques détails de l'accident et ce que je présente ici est ma seule opinion. D'autres mettraient sans doute l'accent sur d'autres aspects. Ce qui m'importe, c'est de faire comprendre que le déni se situe au cœur de cette tragédie. En effet, avant de changer de cap hors de tout danger – avant d'appliquer cette stratégie –, les pilotes devaient avouer qu'ils s'étaient perdus. Pour un professionnel, une telle déclaration est fort désagréable et équivaut à ceci : « Je n'assume pas ma tâche. Je ne sais même pas où je suis ! » Plutôt que d'affronter la réalité et d'accepter cette situation pénible, les pilotes s'en sont pris à leurs instruments et ont poursuivi leur route. Dans de telles circonstances, ils avaient moins d'une minute pour agir : en refusant de voir, ils se dirigeaient à 8 km/mn vers la collision fatale. En cinquante petites secondes, ils n'avaient plus aucune marge d'erreur.

À mon sens, ce type de déni représente la cause numéro un de tous les accidents mortels survenus dans l'aviation. Les pilotes ne voient pas l'incident, donc ne peuvent réagir à temps. Je suis également convaincu que ce penchant se retrouve dans l'ensemble des classes sociales. On refuse d'admettre la réalité d'un problème, on repousse toute mauvaise nouvelle. Alors on devient sourd au signal d'alarme le plus strident. Une femme vient de se remarier ; bien déterminée à vivre autre chose, elle ne s'avoue pas que la même conduite tend peu à peu à empoisonner cette nouvelle union. Fier de sa réputation et désireux de la conserver, un époux et père de famille s'obstine à répéter que tout va bien alors que ses proches sont en thérapie. À votre tour, en croyant que tout va pour le mieux dans le meilleur des mondes, vous laisserez échapper de précieuses opportunités. Les pilotes du vol 427 disposaient de moins d'une minute pour trouver une solution. De combien de temps disposez-vous ?

Votre vie n'est pas si catastrophique qu'elle ne puisse être amendée. Mais soyez *honnête* sur les remèdes à apporter, frottez-vous les yeux, repérez les menaces qui pointent à l'horizon, regardez comme votre existence prend l'eau, insidieusement, laissant partir vos espoirs et vos rêves. Si vous vivez aujourd'hui à la manière d'une limace, admettez-le. Si vous êtes aigri, agressif, admettez-le encore. Et si vous avez peur, dites-le. Sinon vous vous tromperez vous-même, vous perdrez la chance d'échapper au marasme.

Il est certes plus facile d'observer cette loi dans la vie des autres plutôt que dans la sienne… « Mais comment font-ils ? » « Comment ne voient-ils pas ce gâchis généralisé ? », pensez-vous. L'alcoolisme est un bon exemple. Dans la société actuelle, la quasi-totalité des gens savent ce que l'alcoolisme signifie ; vous êtes vous-même alcoolique, vous en connaissez un, c'est un ami ou un membre de votre famille. En se fondant sur cette connaissance, dites-moi quelles sont les chances que possède un alcoolique de s'en sortir s'il refuse cette réalité ? Aucune. Cela s'applique aussi bien à vous. Si vous refusez d'identifier et d'admettre votre comportement et vos traits négatifs, il vous sera impossible d'y apporter la moindre modification – tout comme l'alcoolique qui vit dans le déni. Point à la ligne. Alors, je veux que vous reconnaissiez *ce qui ne marche pas* : vous, votre mariage, votre carrière, votre attitude, votre agressivité, votre déprime, votre peur… Pourtant, vous êtes vraiment sûr de faire tout ce qu'il faut, non ? Cela m'est égal. Si ça ne marche pas, changez de trajectoire.

Précisons bien le sens du mot « reconnaître ». Il ne s'agit pas de hocher un peu la tête et de tenir quelques belles promesses. Combien de fois avez-vous entendu quelqu'un dire : « Bon. Il faut vraiment que je m'occupe de ça. » Ou : « C'est un problème important, je sais. Que faire ? » Ou encore : « Tu as raison, je veux vraiment changer cela, *mais*… » ? Ce n'est pas ainsi qu'on s'avoue le problème : le reconnaître, c'est mener une confrontation sérieuse, directe, irrévocable avec vous-même, ce n'est pas proposer une interprétation correspondant à ce qu'on attend de vous, ce n'est pas davantage offrir une confession politiquement correcte et destinée à vous rapprocher des autres. Non, c'est autre chose, c'est affronter la réalité dans toute sa brutalité, c'est la prendre en pleine figure ; c'est également admettre que vous faites un certain nombre de choses pour bousiller votre vie.

La plupart des gens ne veulent pas entendre la vérité mais obtenir seulement la confirmation de ce qu'ils sont. Ils souhaitent consolider leur ego, c'est tout ; ils recherchent la compagnie de ceux qui renforceront leurs positions, qu'elles soient ou non fondées. Les seules choses qu'ils aiment sont celles qui leur procureront du plaisir, qui les conforteront dans leur état et leur situation. Vérifiez cette assertion sur vous-même : tandis que vous apprenez dans cet ouvrage comment transformer votre vie, sans doute avez-vous déjà inventé cinquante bonnes raisons pour ne rien changer… Vous savez quoi ? Allez-y, continuez, une fois de plus vous aurez raison. Ce que nous chérissons le plus, c'est d'avoir raison.

Durant toutes ces années, quand je travaillais avec mes patients, le but le plus souvent poursuivi n'était pas de savoir comment bien vivre mais de me persuader que leurs opinions et leurs attitudes étaient justifiées. Rares étaient ceux qui s'adressèrent à moi en toute sincérité : « Je voudrais être heureux dans mon couple, peu importe qui a raison. » En général, le mari et la femme me disaient, chacun de son côté : « Je veux que vous reconnaissiez que j'ai raison. Essayez de convaincre mon conjoint de cela – faire les choses à ma façon. » De cette obstination naissent parfois des tragédies. Combien ai-je rencontré de pères et de mères prêts à détruire leur couple et leur famille plutôt que de changer d'avis sur l'éducation des enfants… Et, dans la plupart des cas, les *deux* parents avaient tort.

Si vous acceptez le principe selon lequel les gens sont par nature hédonistes – c'est-à-dire à la recherche de la satisfaction et dans l'évitement de la douleur –, alors vous comprendrez qu'il est difficile d'affronter la réalité, qu'elle est difficile à faire bouger. Pour conserver un certain équilibre, vous aurez tendance à rester inerte, à vous cacher derrière les autres, car tout changement est une menace en puissance et reste synonyme d'angoisse. Aussi longtemps que vous refuserez de voir que votre existence ne tourne pas rond, vous continuerez à vous laisser aller, à laisser courir. À l'opposé, dès que vous identifierez l'existence d'un problème *et* dès que vous en accepterez la responsabilité, l'inertie deviendra difficile. Car votre système sera bien entamé et il restera seulement deux possibilités : vous détruire en toute conscience ou commencer à changer. Souvenez-vous, les accidents n'existent pas, ce sont vos choix, votre conduite qui créent votre propre expérience ; le mensonge par omission n'est plus de mise.

Afin d'inclure cette loi au sein de votre stratégie, vous devez saisir toute la portée du concept d'« honnêteté », en particulier envers soi-même. Car l'honnêteté signifie la vérité entière et il faut du courage pour la vivre. Prenez cet engagement : je ne me mentirai pas, je ne trouverai pas d'excuses, je ne me voilerai pas la face. Le temps n'est plus à l'hypocrisie, n'inventez plus *votre* réalité mais regardez-la telle qu'elle *est*. Et répondez à ces questions difficiles :

- « Est-ce que je vis comme un raté ? »
  Si oui, admettez-le : « Je vis comme un raté. Je n'ai pas d'excuses. Je vis réellement comme un raté. »
- « Suis-je paresseux ? » « Suis-je lâche ? »
  Si oui, admettez-le.
- « Ma vie est-elle dans une impasse ? »
  Si oui, admettez-le.
- « Ai-je peur de la vie ? »
  Si oui, admettez-le.
- « Mon mariage s'enlise-t-il ? » « Est-il mort sur le plan affectif ? »
  Si oui, admettez-le.
- « Mes enfants courent-ils à leur perte ? »
  Si oui, admettez-le.

- « N'ai-je donc aucun but ? » « Suis-je en train de suivre le courant, jour après jour ? »
  Si oui, admettez-le.
- « Mes promesses sont-elles toujours lettre morte ? »
  Si oui, admettez-le.

Je suis convaincu que la moitié de la solution réside dans la définition préalable de l'obstacle. Dès que vous vous serez engagé courageusement dans la voie de la réalité, vous ne pourrez plus vous contenter de peu. Ainsi, tentez de déterminer pourquoi vous n'atteignez pas certains de vos objectifs, ne vous accordez pas le bénéfice du doute. Il n'y a aucune excuse : vivez et pensez en appliquant les lois de la vie, *admettez* que ce problème-là n'a rien de fortuit – vous l'avez bien créé. *Reconnaissez* également votre besoin d'apprendre davantage, *identifiez* les satisfactions attachées à certaines de vos conduites et *avouez-vous* vos défauts. Si vous avez peur, dites : « J'ai peur. » Si vous êtes décontenancé, dites-le. Imaginez comme il sera agréable de vous réveiller demain matin en pensant : « Pour la première fois de ma vie, je suis honnête avec moi-même et j'affronte la réalité. » Reconnaître les éléments négatifs constitue toujours une attitude positive.

Examinez les avantages de ce nouveau comportement. Saisir cette occasion est comparable à une proposition faite par la commission des libertés conditionnelles à un prisonnier condamné à perpétuité : « Rédigez sur l'heure une reconnaissance de tous vos crimes et nous vous accorderons l'amnistie. Rédigez vos aveux et vous pourrez partir. Si vous oubliez l'un de vos délits, nous vous poursuivrons, mais si vous le notez, vous serez libéré. » Que penseriez-vous de lui s'il en venait à rejeter cette offre car trop penaud, trop paresseux ou trop engagé dans le déni de ses actes ? Vous lui crieriez : « Ne perds pas cette chance ! Trouve le courage de consigner tes méfaits et, d'un trait, efface-les tous ! » C'est exactement ce que je vous conseille : soyez honnête, ne déniez rien. Êtes-vous obèse, timoré, anxieux ? Reconnaissez-le, les choses sont ainsi et l'enjeu est de taille. Pour vraiment changer, allez-y à fond ; le défi consiste à accepter qu'en chacun de nous résident des choses pas très belles, un peu lâches, qui nous poussent à accepter les compromis. Mon but n'est pas de vous déprimer, il est de révéler cette face cachée.

Accordez-vous la permission d'être imparfait, d'avoir au fil des ans accumulé toutes sortes de pensées, d'émotions et de sentiments faussés, altérés. Si vous êtes assez mûr pour être allé dans une librairie afin d'acheter cet ouvrage, sans doute avez-vous connu beaucoup d'expériences qui ont transformé votre existence. Vous avez été amoureux mais aujourd'hui votre cœur est brisé et de cette relation vous avez conservé ressentiment, souffrance et peur. Vous avez été accusé puis condamné à tort et cela vous a laissé courroucé et amer. Vous avez perdu un enfant, un frère, une sœur et vous vous êtes interrogé sur le sens de la vie, vous vous êtes éloigné de Dieu, vous êtes devenu déprimé. Votre mariage, ou votre relation amoureuse, a été marqué par la discorde, l'agressivité et cet échec vous a conduit à rester sur vos gardes, à vous fermer au monde, à être vulnérable. Vous avez douté de votre valeur, de vos qualités et cette inquiétude vous a rendu angoissé et très seul.

Toutes ces expériences révèlent qui vous êtes et ce que vous faites de votre vie ; à vouloir ignorer qu'elles ont façonné votre personnalité et la nature de vos interactions, et que de cela vous êtes responsable, vous resterez aveugle, donc incapable de changer, durablement et en profondeur, ce que vous ne reconnaissez pas, ce que vous ne vous avouez pas. C'est déjà assez difficile. N'en rajoutez pas avec de la fausse naïveté, avec des allégations et autres mensonges. Ce livre vient vous chercher là où vous en êtes, alors, soyez honnête, soyez réaliste.

CHAPITRE VI

La vie récompense l'action

« Bien faire est préférable à bien dire. »
Benjamin Franklin

LOI Nº 5
LA VIE RÉCOMPENSE L'ACTION

Votre stratégie : prenez de sages décisions puis passez à l'action. Le monde se moque éperdument des pensées non suivies d'actions.

Dans toutes les situations, votre interlocuteur répond aux stimuli que vous lui offrez. Ces stimuli sont vos attitudes : elles constituent la seule façon que l'autre a de vous connaître. Ainsi, si votre comportement est extravagant ou irrationnel, vous obtiendrez un « retour » peu intéressant. Au contraire, s'il est posé et rationnel, ce retour sera enrichissant. Voilà comment vous créez votre propre expérience ; à chaque conduite correspondent des effets ; plus vos choix seront judicieux, plus les résultats seront constructifs. Mais si vous ne faites rien, vous n'obtiendrez rien. Car la vie récompense l'action. Les gens n'ont que faire de vos *intentions* ; à leurs yeux, seuls comptent les actes : le fisc se moque de savoir si vous aviez l'intention de payer vos impôts ; votre enfant se moque de savoir si vous vouliez vraiment préparer le dîner ; à un croisement, les automobilistes se moquent de savoir si, au plus profond de vous, votre désir était de vous arrêter… L'important, ce sont les actions qui composent votre vie.

EXERCICE Nº 7

Découvrons quel type de stimuli vous proposez au monde. Votre attitude vous pourrit-elle l'existence ? Vous contentez-vous d'un mode de vie terne et inerte ? Faites le test qui suit, mais ne mentez pas, sinon vous vous sentirez coupable. Souvenez-vous qu'il est impossible de changer ce qu'on ne s'avoue pas.

Test de la routine

1. Passez-vous une grande partie de votre temps libre affalé devant la télévision à regarder des sitcoms ou toute autre émission ?

   Oui ☐ Non ☒

2. Quand vous êtes à la maison, portez-vous toujours la même robe de chambre, le même pyjama, le même tee-shirt, le même short ? Est-ce là votre « uniforme » ?

   Oui ☐ Non ☒

3. Restez-vous devant votre réfrigérateur à fixer son contenu, espérant y découvrir quelque chose qui n'y était pas cinq minutes auparavant ?

   Oui ☐ Non ☒

4. Considérez-vous la vie comme un sport dont vous êtes le spectateur assis à la place la moins chère ?

   Oui ☐ Non ☒

5. Vivez-vous à travers les personnages des séries télévisées ? En parlez-vous comme s'ils existaient vraiment ?

   Oui ☐ Non ☒

6. Au supermarché, recomptez-vous les articles contenus dans votre panier avant de choisir la caisse rapide ?

   Oui ☒ Non ☐

7. Votre unique sujet de conversation est-il votre travail ou vos enfants ?

   Oui ☐ Non ☒

8. Les rares fois où vous projetez de sortir, discutez-vous de la destination pendant une demi-heure ?

   Oui ☐ Non ☒

9. Dînez-vous dans des endroits où vous devez regarder vers le haut pour voir le menu plutôt que vers le bas ?

   Oui ☐ Non ☒

10. Avez-vous des rapports sexuels tous les trois mois et qui durent moins de quatre minutes afin de ne pas rater votre émission favorite ?

    Oui ☐ Non ☒

11. Fantasmez-vous sur des choses que vous n'avez jamais faites ?

    Oui ☒ Non ☐

12. Vous méfiez-vous des gens qui semblent heureux, tout simplement parce que cela est impossible ?

    Oui ☐ Non ☒

		Oui	Non
13.	Votre conduite laisse-t-elle à désirer quand vous êtes seul ?	☐	☒
14.	L'événement le plus excitant qui puisse vous arriver s'est-il déjà produit ?	☐	☒
15.	À votre réveil, êtes-vous terrifié à l'idée d'affronter une nouvelle journée ?	☐	☒
16.	Vous sentez-vous seul, même entouré de plusieurs personnes ?	☐	☒
17.	Votre apparence semble-t-elle de plus en plus négligée ?	☐	☒
18.	Votre but dans la vie est-il de passer une semaine de plus, un mois de plus ?	☐	☒
19.	Quelle que soit la question, répondez-vous « non » la plupart du temps ?	☐	☒
20.	Pour que vous puissiez rencontrer des gens, doivent-ils se jeter sous votre voiture ou se placer devant la télévision ?	☐	☒

Si vous avez répondu « oui » à huit questions ou plus, vous êtes enlisé dans la routine. Si vous avez répondu « oui » à douze questions ou plus, je devrais appeler une ambulance… Mais, en poursuivant votre lecture, vous avez témoigné de votre volonté d'en sortir, d'être attentif aux lois de la vie. Il est temps de transformer toutes vos idées en actions réfléchies et constructives, reconnaissez-le.

Commencez l'évaluation de votre existence non par les intentions mais par les *résultats*. « L'enfer est pavé de bonnes intentions », dit le proverbe. En effet, sans action, ces bonnes intentions vous mèneront… nulle part. Notre penchant consiste à toujours inventer des excuses, à dire quelque chose puis à ne pas le faire. Telle est la nature humaine, et notre monde peuplé de « victimes » a fait de l'ajournement la règle : « Ce n'est pas de ma faute » ou : « Ce n'est pas mon problème. » J'ai une bonne nouvelle pour vous : vous êtes votre propre problème.

Vous aider à gonfler une liste d'intentions, vous fournir des conseils puis s'en tenir là ne m'intéresse pas ; ce qui m'importe bien davantage est d'insuffler des *changements* dans votre existence. Vous permettre de comprendre vos échecs n'est que la moitié du chemin, il reste à vous débarrasser de cette cohorte de prétextes habituels pour enfin vous fonder sur les seuls *résultats*. Cette approche est essentielle car c'est ainsi que votre environnement *vous évalue*. Vous ne pouvez instaurer vos propres lois car la société possède déjà les siennes et, ce qui est plus décisif encore, sait parfaitement les faire respecter.

Que ce soit votre patron examinant le bilan des ventes ou le policier inspectant votre véhicule, nul ne se soucie de vos intentions, seuls comptent vos actes. « On apprend bien plus d'un homme en une heure de jeu qu'en une année de conversation », dit le philosophe – c'est une des manières d'avancer que la valeur de la parole est *faible*. En vous fondant sur les résultats, vous refusez par là même toutes les excuses d'autrui ; en demandant à votre entourage de mieux vous traiter, vous jugez ses actions et non ses paroles. Pour que ce livre porte ses fruits, vous devez vous engager à étudier votre vie sur la base des résultats – quels que soient les questions et les problèmes abordés. C'est ainsi : seuls les résultats signalent les changements effectifs. Libre à vous d'ignorer cette vérité, mais elle existe.

La procrastination – c'est-à-dire la tendance à tout remettre au lendemain, à temporiser, à ajourner – est un véritable fléau de la nature humaine. Assigné au service de gériatrie durant mon internat dans un hôpital psychiatrique de Virginie, j'eus l'occasion de mener des « thérapies » avec de nombreux vétérans que les circonstances de la vie avaient conduits ici. J'utilise des guillemets car, dans la plupart des cas, le patient fut le professeur et je fus l'élève.

Issus de toutes les classes sociales et ayant eu des formations de différents niveaux, ces hommes apprirent au jeune médecin que j'étais de nombreux points essentiels, dont celui-ci : à l'approche de la mort, chacun souhaite réaliser des choses qu'il n'a jamais pu faire. Tandis que l'un de ces patients regrettait de n'être jamais retourné aux Philippines sur la tombe d'un camarade, un autre rêvait de publier ses romans policiers sans avoir jamais trouvé le courage d'envoyer ses manuscrits à un éditeur, et un autre encore aurait souhaité avoir passé plus de temps avec sa petite-fille avant sa mort tragique survenue dans un accident de la route. De quelque manière que ce fût, tous me disaient : « Ne gaspille pas ta vie, fiston. Quand c'est fini, c'est fini. » Avec la sagesse de l'expérience, tous me confièrent qu'ils avaient eu l'intention d'effectuer bien plus de choses qu'ils ne le firent en réalité. Ils n'évoquaient pas seulement des aubaines disparues mais parlaient bien de « temps ». La vie nous donne, il est vrai, un certain nombre d'opportunités, et certaines sont à saisir dans un laps de temps donné – puis elles partent en fumée. Dans votre travail d'évaluation, il vous faut reconnaître le moment de saisir la chance quand elle se présente, ou le moment de la forcer quand elle tarde à venir.

Vous demandez-vous parfois : « Combien de temps me reste-t-il à vivre ? » Si vous avez quarante ans, peut-être vous en reste-t-il le double – ou peut-être pas. Qu'y faire ? Rappelez-vous l'un des conseils que vous donnait le vieux renard dans le chapitre II : « Établissez un plan et respectez-le. N'en changez pas comme vous changez de chemise. » Le temps est impitoyable ; vous n'avez qu'une seule vie. Chaque moment perdu est un peu de ce temps gaspillé. La formule adaptée pour décider d'agir est la suivante :

- ÊTRE.
- FAIRE.
- AVOIR.

Cela signifie ÊTRE engagé, FAIRE ce qu'il faut pour AVOIR ce que vous désirez. En ce qui concerne la cinquième loi de la vie, nous nous occupons du FAIRE. Vous êtes bien plus savant qu'au chapitre premier mais si, de ce savoir, vous ne faites rien, vous n'êtes pas plus efficace qu'auparavant. Avant de se transformer en action, le savoir, la prise de conscience, la pensée et la compréhension n'ont aucune valeur : si un médecin connaît la cause de votre mal mais ne fait rien pour vous aider, vous mourrez ; si un passant sait qu'il vous écrase un pied mais ne bouge pas, vous aurez une ampoule ; si vous connaissez les sources de votre mésentente conjugale mais restez passif, vous courez à l'échec ; si vous savez les raisons de votre déprime mais ne réagissez pas, vous vous enfoncerez. La vie récompense l'action.

La différence entre les gagnants et les perdants, c'est que les premiers *font* ce que les seconds ne veulent pas faire. J'insiste sur le mot « faire » : les gagnants *font* des actions mûrement réfléchies ; ils ne se contentent pas d'y réfléchir, de planifier dans le vide, de tenir une réunion destinée à organiser la réunion suivante qui décidera de la marche à suivre… Il est temps d'agir. Rappelez-vous l'injonction biblique selon laquelle, sans actions, la foi n'a aucune valeur. Sans faits tangibles, vous êtes, tel un passager, ballotté, sans direction ; certains préfèrent cette place car elle les maintient hors de toute décision, donc hors de toute responsabilité : si vous faites partie de ces gens-là, réveillez-vous vite, prenez les commandes – ou bien restez un pantin désarticulé.

Cette cinquième loi de la vie intervient à ce moment de l'ouvrage car vous en savez désormais suffisamment pour commencer à *agir*. Et voici le temps d'agir différemment. La première loi stipulait : « Il y a ceux qui comprennent, et il y a les autres » ; elle vous enseignait donc à engranger les connaissances nécessaires. La seconde loi, selon laquelle « Nous créons notre propre expérience », vous signalait le rapport de causalité entre une conduite et ses conséquences, vous engageant à modifier ce qui n'allait pas. La troisième loi, à savoir « On fait ce qui nous satisfait », vous proposait de changer votre comportement en repérant quelle était votre recherche de satisfaction. Mais rien ne bougera si vous ne commencez pas à *agir* autrement. La question à poser est : « Si ce n'est pas maintenant, quand le ferai-je ? »

Nous aborderons bientôt l'étude de vos priorités comme celle de vos façons de gérer temps et énergie. Pour l'heure, reconnaissez que si vous n'*avez* pas ce que vous voulez, c'est parce que vous ne passez pas à l'action. Donc vous n'aurez rien. Votre tâche consiste maintenant à utiliser le savoir acquis par toutes les lois afin de tester vos actions. En créant ainsi votre propre expérience, vous êtes responsable de vos choix, ce sont les vôtres. « Vous n'entendrez jamais un homme sur son lit de mort proférer ce souhait : "J'aurais aimé consacrer plus de temps à mon travail." » J'adhère à ce propos. Bien que nous sachions tous ce qui compte le plus, pourquoi perdons-nous tant de temps, pourquoi réagissons-nous si lentement ? C'est à vous de jouer maintenant. Dès que vous ferez les choses de manière différente – pratiquer un exercice régulier, exprimer vos sentiments, retourner à l'école, prier davantage ou postuler pour un emploi –, vos actions prendront de l'élan : vous rencontrerez des têtes nouvelles, des occasions inédites se présenteront, et la vie s'enrichira de mille accords. Cette cinquième loi vous conduit donc soit à agir, soit à laisser tomber.

EXERCICE N° 8

Si vous ressemblez à la plupart des gens, l'une des choses importantes consiste à dire ses sentiments aux personnes que l'on chérit. Il serait tragique que vous – ou ceux que vous aimez – manquiez de temps pour exprimer ce que vous ressentez. Ce problème crucial doit être abordé en urgence. Afin de vous exercer à agir, dressez la liste des cinq à dix personnes qui vous sont les plus précieuses. Pour chacune d'entre elles, écrivez tout ce qui n'aurait pas été dit si l'un de vous venait à décéder. Soyez sincère, laissez parler votre cœur.

N'essayez pas de vous en sortir par : « D'accord, je ne leur ai pas dit mes sentiments, mais ils les connaissent bien. » Non : il faut le faire maintenant. Imaginez que l'un de ces êtres chers soit votre enfant et que vous veniez à disparaître, peut-être auriez-vous désiré lui dire ces mots : « Je t'aime. Je suis et je serai toujours fier de toi, même si je ne te l'ai pas dit souvent – même si je ne te l'ai jamais dit. Tu es si extraordinaire. Tous les jours de ta vie, rappelle-toi comme je t'ai aimé. Maintenant, je sais, il est trop tard, je regrette tant de ne t'avoir pas consacré plus de temps, pour te connaître, t'écouter, te parler. Tu seras quelqu'un de vraiment bien. S'il te plaît, sois heureux, vis pleinement, aime de tout ton cœur. Sache qu'il existait quelqu'un en ce monde qui croyait en toi et qui t'aimait. Prends soin de toi, fais-le pour moi. Maintenant, après t'avoir dit tout cela, je peux partir en paix. »

Ces paroles – qui furent celles que mon père me dit peu de temps avant de mourir – vous aideront peut-être à *extérioriser* vos sentiments. Car ils sont un bien inestimable pour celui qui les reçoit. En ce qui me concerne, il ne me suffisait pas de « savoir » que ces sentiments existaient, mais j'avais besoin de l'entendre.

Je retirai bien davantage de cette ultime entrevue : j'ouvris aussi mon cœur – au moment de la disparition de mon père, cela m'aida à me sentir plus serein. À un moment, dans la conversation, je demandai à mon père comment il se sentait physiquement. Sa réponse fut typique du « Dr Joe », comme on l'appelait : « Eh bien, je n'achèterai pas des bananes vertes car j'ai peu de chances de les voir mûrir ! Tiens, au fait, la semaine dernière, j'ai assisté à un enterrement, le prêtre disait que la mort n'était qu'un "passage vers une vie meilleure" et que nous devions nous "réjouir". Non, non et non ! Je veux que *tout le monde* pleure à mes funérailles, sinon je reviendrai et vous allez voir ! » Il était en paix et affrontait la vérité.

L'existence de mon père constitua une véritable leçon de dynamisme et de courage. À l'âge de soixante et onze ans, soit trente années après avoir obtenu son doctorat de psychologie, il décida d'obtenir un diplôme de théologie. Mais son cœur était fatigué, à tel point qu'il ne pouvait marcher plus de quinze mètres sans s'arrêter ; il devait donc arriver trente minutes avant ses cours. Une fois sur le campus, il effectuait un parcours ponctué de nombreux arrêts : quinze mètres jusqu'à ce banc, trente-sept pas jusqu'à cet arbre et ainsi de suite, chaque jour, pour franchir moins de cent cinquante mètres au total. Il y est parvenu. Finalement, après deux années et je ne sais combien de milliers de pauses, mon père reçut son diplôme devant une assemblée qui l'acclama. Alors, ne venez pas me dire que c'est si dur de passer à l'action.

Avez-vous dressé la liste de ceux que vous aimez ? J'espère qu'elle vous fait prendre conscience de la nécessité d'agir.

Quels sont les autres domaines qui ont besoin de votre dynamisme ? Dans l'élaboration de votre stratégie de vie, ce type d'évaluation vous sera très utile. Voici un tableau qui devrait vous aider à commencer ce travail.

personnel	relationnel	professionnel	familial	spirituel
1.				
2.				
3.				
4.				
5.				

EXERCICE N° 9

Dans chaque colonne consacrée à un domaine de votre vie, faites la liste des quatre ou cinq actions les plus importantes à entreprendre. Par exemple : si dans le domaine familial vous reconnaissez que vous devriez passer plus de temps avec vos enfants, écrivez-le ; si vous devez agir dans le domaine personnel en consacrant, chaque matin, quelques minutes à l'organisation de votre journée, écrivez-le aussi. Dans cet exercice, ne vous souciez pas trop des détails ; il s'agit avant tout de repérer les domaines critiques puis d'en prendre note pour l'avenir.

Cette liste vous permettra de comprendre qu'il faut souvent se remettre en cause, revoir chaque *domaine*, chaque *structure* de pensée avant d'estimer les résultats obtenus. Interrogez-vous sur vos habitudes, votre manière d'occuper le temps, vos paroles, vos interactions... N'ayez pas seulement l'*intention* de le faire, faites-le. C'est difficile, je sais, la plupart des gens inventent toutes sortes d'excuses et retournent à leur routine. Mais ce questionnement est l'une des étapes indispensables. Si la tromperie a jusque-là dominé le cours de votre vie, sans doute souffrez-vous et, que vous le croyiez ou non, cette douleur constitue également un élément positif ; en étant acceptée en toute conscience, elle devient un moteur puissant dans la voie du changement, vous aidant à sortir du marasme.

J'ai grandi au Texas où, à l'instar de tous les enfants, je courais pieds nus pendant l'été. Cette expérience est restée ancrée en moi : je m'élançais sur les routes goudronnées et, à mi-chemin, la douleur se manifestait, je sentais mes pieds *fondre* littéralement... À ce moment-là, il fallait faire quelque chose : soit faire demi-tour, soit continuer, mais je ne pouvais pas rester là, sur place, au beau milieu, à attendre que mes pieds s'enflamment. Quelle que soit la direction choisie, il faut bouger. Utilisez la souffrance comme propulseur, comme énergie.

Prendre des risques

Prendre des risques semble naturel à certains, qui ne cessent de lutter, qui refusent de se contenter de leur sort, qui s'acharnent jusqu'à parvenir à leur but. D'autres, en revanche, courent se protéger dès qu'une situation nouvelle, donc menaçante, se présente ; afin d'échapper au stress, à la pression sociale et à la peur d'échouer, ils se satisfont d'une vie frustrante. Si vous êtes comme eux, à rester en terrain connu, si vous abandonnez avant d'avoir commencé, vous n'y arriverez jamais.

La notion de risque implique qu'un élément précieux est mis en péril. Dans la majeure partie des cas, il s'agit de votre tranquillité d'esprit, de votre qualité de vie, de vos relations ou de votre budget. Le fait même d'admettre que vous voulez davantage perturbe l'équilibre de votre existence ; vous êtes déchiré entre la volonté de maintenir la situation présente – aussi commune et ennuyeuse soit-elle – et l'espoir d'accéder à votre désir. Malgré votre frustration, remettre en cause une stabilité peut en effet être très angoissant. Mais cette souffrance est tellement prévisible : elle n'est pas une amie chère mais elle est une amie de longue date, vous connaissez ses habitudes et ses limites. À l'opposé, parce qu'il est inconnu, le risque terrifie : dès que nous nous engageons, aussitôt la peur nous gagne : jusqu'où cela peut-il aller ? Et si j'allais tout perdre ? Et si j'allais tout rater ?

Souvenez-vous, notre peur la plus grande, c'est d'être rejeté. Pourquoi ? Parce que les résultats de nos efforts sont évalués en fonction de notre acceptation ou de notre refus par les autres. En se fondant sur ce postulat, nous jaugeons notre valeur à l'aune de la réaction d'autrui, nous considérons tous les déboires comme une forme de rejet, nous interprétons la faillite de notre entreprise comme un signe de l'extérieur : « Vous n'êtes pas digne de notre collaboration, de notre argent et de notre soutien. Nous ne voulons ni de vous ni de votre production. » Sur un plan plus personnel, donc plus douloureux, nous considérons les échecs amoureux comme autant de messages de rejet : « Je ne veux plus de toi », entendez-vous, « Tu n'es pas quelqu'un d'assez bien ». Rappelez-vous ces moments, à la sortie de l'école, quand vous regardiez de loin la personne dont vous étiez fou amoureux ; rappelez-vous l'anxiété ressentie avant de l'inviter… Il semblait impensable de risquer un refus – quelle humiliation ! Il était inimaginable d'espérer qu'elle dise « oui ». Entamer une relation vraie était risquer beaucoup : ne rien tenter était bien plus facile.

Voilà comment fonctionne le mécanisme de l'évitement : aucune pression, aucune souffrance ; en n'ayant rien fait, le problème s'est évanoui – vous n'avez pas obtenu de rendez-vous mais votre peur a disparu. Se défiler, renoncer à ses rêves, abdiquer : cette attitude est familière à plus d'un d'entre nous. La vie ne récompense pas la capitulation.

Examinez avec minutie certains des motifs qui vous cantonnent dans cette indétermination. Cette réticence à embrasser de nouvelles perspectives se justifie-t-elle ? Est-ce toujours cette même peur, aveugle, irrationnelle, qui vous paralyse ? Considérez ceci : faire un nouvel essai, persévérer et essuyer un refus sont en fin de compte des éléments tout à fait possibles à gérer. Combattre la peur de l'échec, c'est comme tenter de lever le brouillard – vous n'y parviendrez jamais. Et quelle énergie dépensée en vain ! Donnez-vous une chance. Il est normal d'être effrayé, mais ne vous laissez pas dominer par cette peur ; de nos jours, on en parle tellement qu'elle est devenue un prétexte trop facile.

L'histoire du Dr Doherty

Un jour, je fus contacté par un collègue en difficulté qui cherchait un conseil. Le Dr Jason Doherty était un excellent psychiatre, à la tête d'un département hospitalier prenant en charge des adolescents. Il faisait aussi du très bon travail en tant que bénévole ; cet homme de cœur apportait vraiment beauçoup à notre ville. Flatté de sa requête, j'acceptai volontiers de le rencontrer. Sur le seuil de sa maison, le Dr Doherty me tendit une main incertaine et son sourire était un peu forcé. La pièce où nous nous assîmes était très sombre, tous rideaux tirés. D'une voix angoissée, il me confia que depuis presque deux mois il n'avait vu aucun patient et n'avait pas mis les pieds à son travail. Puis il me décrivit les détails de la terrible aventure qui l'avait profondément remué.

Un après-midi de mars, se rendant à une réunion dans un collège, il s'arrêta dans une agence bancaire nouvellement ouverte pour y déposer de l'argent. Il attendait son tour dans la file d'attente. Un homme armé surgit à l'intérieur de la banque. Et l'attaque tourna mal : en l'espace de quelques secondes, Jason vit trois personnes s'effondrer devant lui. Un vrai carnage. L'agresseur passa par-dessus le guichet et avec son Magnum fracassa la vitre ; terrifiée, la caissière se mit à hurler. Alors, il plaqua le canon derrière sa tête et tira. Le Dr Doherty me décrivit l'expression de cette femme juste avant sa mort. Puis ce fut au tour d'un client et d'un agent de la sécurité.

En me racontant cette scène, Jason ne pouvait réprimer ses sanglots. Il se souvenait qu'il avait alors été tétanisé de peur, qu'il fut éclaboussé de sang. Puis il s'était mis à courir vers la sortie, avec le tueur à ses trousses. Ce dernier le rattrapa au moment où Jason tombait sur le trottoir, juste devant la banque. L'homme s'agenouilla à ses côtés et, lentement, plaça son arme sur le front du Dr Doherty et appuya sur la détente. Rien ne se passa. Il appuya trois fois. En vain. Le coup ne partait pas. Craignant l'arrivée de la police, il s'enfuit. Quand on découvrit le Dr Doherty, il rampait le long d'une allée pleine de mauvaises herbes, contusionné, frissonnant et totalement incohérent.

Depuis cette expérience éprouvante, le Dr Doherty ne

trouvait plus le sommeil, se mettait à trembler n'importe quand, ne parvenait plus à se concentrer et se méfiait de tout le monde ; il m'expliqua qu'il n'osait même plus sortir de son domicile. Manifestement, il souffrait d'un syndrome post-traumatique qu'il aurait lui-même très vite diagnostiqué et traité chez l'un de ses patients. Mais c'est tout autre chose quand vous êtes vous-même le patient.

Connaissant la nature débilitante de ce symptôme – et celle de la peur en général –, j'entrepris une thérapie avec le Dr Doherty à raison de deux à trois séances par semaine. Peu à peu, les progrès s'annoncèrent, les cauchemars et les tremblements disparurent. Mais, dans le même temps, il commença à s'habituer à son nouveau rythme, à ne plus affronter son univers professionnel ; il ne participait plus à la vie de la communauté ; sa famille, ses patients, l'école et tous ceux qui lui faisaient confiance souffraient de cette absence.

En approchant de la fin de cette thérapie, je compris que la peur de Jason était pour lui une compagne – mais une compagne dangereuse. Car elle constituait désormais un bon prétexte pour ne plus s'impliquer dans la société. Installé dans un espace confortable, pris entre son angoisse et les quatre murs de sa maison, il était devenu un accidenté de la vie. Jason était en train de renoncer au monde – il abandonnait sa brillante carrière, il laissait tout tomber. Je remarquai aussi qu'il parlait avec moi en toute liberté et que je constituais son unique contact avec l'extérieur. Conscient de cette place privilégiée, il m'était impossible de l'aider à surmonter son traumatisme tout en le laissant renoncer à lui-même ; je ne pouvais le laisser plus longtemps se dissimuler derrière sa peur.

Lors de la séance suivante, je lui dis : « Je ne comprends pas votre façon de gérer la peur. Je voudrais savoir ce qui vous donne le droit de vous tenir à l'écart. Je sais que vous avez affronté une terrible épreuve mais ce n'est pas une excuse. Nous avons tous peur. Dans cette profession, nous savons qu'un patient peut un jour s'énerver, sortir une arme et nous tirer dessus ; nous ne sommes pas à l'abri. Qu'est-ce qui vous donne le droit, à vous qui êtes si brillant, si expérimenté, en bonne santé et jouissant de toutes vos facultés, de vous défiler ainsi ? Vous n'avez pas le droit de rester caché, de gaspiller vos capacités, de vous désintéresser de votre profession. Vous privez vos patients de votre aide. Je vous informe que cette thérapie est terminée. Soit vous continuez à vous plaindre, permettant à ce tueur de vous terroriser pour le restant de vos jours, soit vous reprenez votre service à l'hôpital demain matin, à sept heures. Je vous y retrouverai, si vous voulez. On a besoin de vous là-bas, mon ami. La séance est finie. »

Jason devait réagir. C'était devenu trop facile et je savais qu'il en était capable. La vie récompense l'action. Quand nous nous rencontrâmes à son service le lendemain matin, je le saluai : « Comment allez-vous, docteur ? » Il m'a regardé, m'a souri et m'a répondu simplement : « Je me remets au travail. » Malgré sa peur, il était revenu parce qu'il en avait grand besoin et que sa place était là. Et vous ?

Sans réfléchir trop longtemps, sans doute vous souvenez-vous d'avoir agi dans la peur : lors de vos tout premiers pas, lors du premier examen à l'école, lors de la première brasse à la piscine, quand vous avez quitté le domicile familial, quand vous avez démissionné pour un meilleur emploi, en déménageant, en invitant une personne… Au calme procuré par la stabilité vous avez alors préféré l'attrait de la nouveauté. Parce qu'elles ont élargi votre horizon, parce qu'elles ont permis à vos compétences professionnelles de se développer, toutes ces tentatives sont résolument positives.

Quelles que soient vos habitudes et votre vie actuelle, nul ne vous oblige à continuer de la sorte. Il vous revient de décider que vous en valez la peine, que vos rêves sont importants. Soyez déterminé, soyez lucide : « En ce moment, je sais que ça va me faire mal, j'ai peur, mais cela vaut le coup. Je vais arrêter d'être aveugle pour enfin prendre le risque d'atteindre mes objectifs, de réaliser mes ambitions. Je vais élaborer une stratégie, puis j'agirai. » Ce type de décision est une *décision de vie*, elle définit qui vous êtes. Ce sont ces prises de position essentielles qui constituent l'ancrage psychologique de vos valeurs. Par exemple, refuser de voler représente une décision de vie, un fondement important, profond, qu'il est inutile de remettre en cause tous les matins – vous l'avez établie une fois pour toutes. Quand vous êtes à court d'argent, vous ne vous demandez pas : « Bon, est-ce que je vais retirer de l'argent dans un distributeur automatique ou est-ce que je vais braquer une banque ? » La question ne se pose pas. Cette décision de vie fait partie de vous, elle vous définit. Elle se prend après mûre réflexion – nous aborderons ce sujet plus amplement dans le chapitre VIII.

J'espère que vous avez pris de telles décisions à propos de votre intégrité, de votre engagement envers Dieu, de votre rôle familial, mais il vous reste à en intégrer de nouvelles au sein de votre stratégie de vie, au cœur de votre système de valeurs. Pour comprendre cette cinquième loi, peut-être vous faudra-t-il vous exposer à un péril, même s'il s'oppose à votre réflexe de défense, à votre besoin de sécurité. C'est le moment ou jamais de laisser derrière vous cette fausse stabilité, d'aller de l'avant et de prendre des risques calculés et responsables – je ne vous demande pas de sauter en parachute ! Soyez honnête et ayez cette petite discussion avec vous-même :

- « Il y aura des revers. »
  Je le sais, je les affronterai.
- « Vous ne réussirez peut-être pas. »
  Le succès ne sera peut-être pas immédiat, mais je suivrai la route que je me suis tracée. Et mes échecs n'entameront en rien ma valeur personnelle, je le sais.

- « Vous allez être rejeté. »
  On n'a pas toujours ce qu'on veut du premier coup.
  Mais en poursuivant mes efforts, en ne lâchant pas
  prise, j'arriverai peut-être à être accepté.
- « Vous serez un raté. »
  Si j'arrête d'affronter mes problèmes, mais unique-
  ment dans ce cas.
- « En valez-vous vraiment la peine ? En êtes-vous vrai-
  ment capable ? »
  Oui, j'en vaux la peine. Oui, j'en suis capable. De toute
  façon, en passant à l'action, je vais m'en rendre compte.

Prenez ce risque, persévérez et votre vie sera bientôt
pleine de victoires et de récompenses. Si vous perdez, cela
signifie que quelqu'un d'autre a gagné, donc que c'est
possible – cela pourrait vous arriver. Vous réussirez car
vous avez fait ce qui était nécessaire – cela arrivera car
vous connaissez vos désirs, car votre démarche est rationnelle et constructive. Passez à l'*action* et insistez sur les
résultats. Cette loi de la vie est d'une importance capitale.

CHAPITRE VII

La réalité n'existe pas,
seule compte la perception

« Les choses ne sont ni bonnes ni mauvaises.
C'est de le penser qui les rend ainsi. »
William Shakespeare

LOI N° 6
LA RÉALITÉ N'EXISTE PAS,
SEULE COMPTE LA PERCEPTION

Votre stratégie : **discernez les filtres à travers lesquels vous percevez le monde. Assumez votre histoire plutôt que de la subir.**

Cette loi est très profonde car elle va déterminer si votre vie est heureuse, sereine et pleine de satisfactions. En l'acceptant, vous reconnaîtrez que votre façon d'interpréter un événement, quel qu'il soit, est foncièrement personnelle. Pour en comprendre le mécanisme, il nous faut préciser la différence existant entre la « sensation » et la « perception ». Quand votre pupille reçoit une onde lumineuse, quand vos oreilles captent une onde sonore, vos organes sensoriels reçoivent des stimuli ; la sensation est donc un phénomène provoqué par une stimulation extérieure. Quant à la perception, elle organise et *confère une signification* à ces signaux ; elle figure donc le niveau de la représentation intellectuelle.

Suivant l'observation selon laquelle « la beauté est dans l'œil de celui qui regarde », votre perception diffère donc de la mienne. Tandis que nous examinons la même image, je peux l'aimer et elle peut vous déplaire. Il en va de même pour chaque circonstance ; il est parfaitement inutile d'évoquer ce qui se passe dans votre vie sans envisager la perception que vous en avez. Parce que vous êtes un être unique, vos perceptions le sont également. Ne pas reconnaître ce principe crée beaucoup plus de problèmes que vous ne l'imaginez.

Par exemple, nous savons désormais qu'il existe des différences de perception entre un homme et une femme ; depuis des siècles, les couples souffrent de ce fléau. Ce n'est pas un secret de dire que, lorsque nous plaçons deux conjoints face à la même situation, il en résultera deux interprétations radicalement différentes, voire opposées, et de cette divergence naîtront les innombrables frustrations et désaccords. Après avoir expérimenté cette théorie sur des milliers de couples, j'ai découvert que cette disparité touchait en particulier un domaine semblant aussi anodin que celui des tâches ménagères ; en effet, chacun l'investit à sa manière, lui attribuant ou non une valeur : tandis que les hommes tendent à les considérer comme une simple corvée dont il faut se débarrasser – aujourd'hui voire demain –, la plupart des femmes voient dans ces gestes quotidiens une preuve d'amour. Elles m'expliquaient ainsi que « sortir les poubelles est une tâche désagréable. S'il m'aime, il s'en chargera pour que je n'aie plus à m'en occuper. S'il ne le fait pas, c'est qu'il ne se soucie ni de moi ni de ma vie : donc il ne m'aime pas ». De là vient le malentendu.

Savoir qui a tort ou qui a raison ne fait rien à l'affaire. Car ni l'un ni l'autre ne possède la vérité. La réalité n'existe pas, seule compte la perception. Si la femme considère l'accomplissement de cette tâche comme une preuve d'amour, sa vision des choses devient la réalité ; au contraire, si l'homme l'envisage comme un simple devoir dépourvu de toute charge affective, à son tour cette perception est synonyme de réel. C'est votre façon d'appréhender les événements qui leur confère du sens. Alors, sachez ceci : quand il s'agit de votre perception, vous avez la faculté – si vous le souhaitez –, de *choisir* les interprétations à y attacher.

La philosophie du Dr Frankl

L'une des épreuves les plus terribles toucha l'existence du Dr Viktor E. Frankl, un psychiatre autrichien arrêté par les nazis et déporté dans le camp de concentration et d'extermination d'Auschwitz. Les SS avaient assassiné sa femme et ses parents, puis ils s'en prirent à lui et lui firent subir les pires humiliations ; son sort était entre leurs mains. Dans un livre remarquable, *Découvrir un sens à sa vie avec la logothérapie* (traduction française, Les Éditions de l'Homme, 1988), Viktor Frankl fit part de son expérience des camps, décrivant la tyrannie exercée jour après jour par ses gardiens : ses camarades et lui devaient attendre l'ordre de s'asseoir, de se lever, de travailler, de manger, de dormir, de vivre et de mourir. Face à ces atrocités sans fin, il découvrit, raconte-t-il, qu'un aspect essentiel de lui-même restait hors de portée des tortionnaires : l'attitude adoptée face à la douleur. À un certain moment, le Dr Frankl prit une *décision de vie*. Il savait que s'il continuait à endurer ces souffrances sans y trouver un sens, il allait devenir fou. Il tenta alors d'appliquer ce principe : « Nous apprenons à connaître notre existence à travers la signification que nous lui conférons. »

La leçon à tirer de l'expérience du Dr Viktor E. Frankl me semble double. En premier lieu, il démontra qu'en toutes circonstances on est libre de choisir ses réactions : peu importent ces circonstances, leur perception nous appartient. Puis il en conclut que cette découverte restait vraie jusque dans les situations les plus désespérées. Il choisit d'appréhender ce qu'il vivait à la manière d'un défi : de sa souffrance naquit un engagement, un engagement à survivre et à partager sa découverte avec les autres. Nul ne vécut un tel défi, et le message du Dr Viktor E. Frankl contient un enseignement que vous pouvez aujourd'hui reprendre : les événements qui ponctuent votre quotidien n'ont d'autre signification que celle que vous leur donnez. Il n'y a ni bonne ni mauvaise nouvelle, il n'y a que des nouvelles. Vous possédez en vous la faculté de choisir votre perception.

Dès que vous apprécierez la justesse de cette observation – dans votre vie comme dans celle d'autrui –, vous saisirez en quoi elle constitue une vérité profonde. La philosophie du Dr Frankl sera toujours d'actualité. Réfléchissez-y. Quand la une des journaux indique : « La gauche a remporté les élections », est-ce une bonne ou une mauvaise nouvelle ? Selon que vous votez à droite ou à gauche, la nouvelle sera plus ou moins bonne… Le point crucial réside bien dans la façon dont vous percevez les événements. Pour autant, je ne dis pas que tout ce qui vous arrive peut, si vous le désirez, constituer une bonne chose. Ainsi, si un être cher vient à disparaître, votre choix est : percevoir cette mort comme une perte qui vous empêchera de vivre ou bien la gérer et entamer le deuil. De même, si l'un de vos enfants se blesse, il vous est possible de tirer quelques leçons de l'accident : mieux le protéger dans l'avenir, lui apprendre à affronter les épreuves, lui enseigner la prudence… Partout, tout autour de nous, se trouvent des exemples de cette attitude. L'association « Les mères contre l'alcool au volant » illustre à merveille la façon dont certains parents qui ont perdu un enfant dans un accident de la route choisirent de donner un sens à leur souffrance.

Nous percevons tous le monde à travers un « filtre », un « écran ». Ce filtre – notre personnalité, notre attitude, nos opinions… – détermine notre perception des choses et par conséquent notre façon de la communiquer aux autres. La présence de ces filtres n'est ni positive ni négative, elle est là, tout simplement. Tandis que certains sont de nature pragmatique, constructive, d'autres peuvent être déformants, donc destructeurs. Pour vivre pleinement, reconnaissez-en l'existence.

Ces filtres résultent en grande partie de notre apprentissage, cela ne fait aucun doute. Une personne éduquée dans un milieu violent risque fort de développer une méfiance à l'égard du monde ; au contraire, celle qui a été élevée dans l'amour et la compréhension restera ouverte. Rappelez-vous la deuxième loi de la vie : « Nous créons notre propre expérience. » Nous sommes responsables ; cela signifie que les éléments du passé ne doivent pas servir à échafauder des prétextes. Oui, nous sommes le fruit de notre apprentissage, mais l'important c'est de sortir de son déterminisme, de refuser que son passé, pénible ou agréable, influence le présent. L'important, c'est qu'il a été, c'est tout.

Imaginez que vous soyez en thérapie : je souhaite bien sûr connaître votre histoire mais je veux surtout que *vous* sachiez votre propre histoire, que *vous* reconnaissiez avoir été battu, violé et que cette maltraitance a sans doute déformé votre conception d'une relation amoureuse. Que cela soit injuste, nous sommes d'accord ; cette connaissance ne constitue pas une fin en soi, elle doit vous amener à une prise de conscience : un filtre altère votre vision et votre entendement. Une fois cela acquis, vous pourrez intervenir.

À continuer ainsi, vous laissez des *événements du passé* dicter votre conduite – dans le présent comme dans l'avenir. Reprenons l'exemple de cet enfant battu et violé ; le plus terrible serait de permettre que ces délits gâchent son existence entière, en corrompant sa perception de l'extérieur plus de trente ans, quarante ans ou cinquante ans plus tard. Dans ce cas, le traumatisme n'est jamais terminé et se réactive constamment. La quatrième loi vous a enseigné qu'« on ne peut changer ce qu'on ne s'avoue pas ». Alors acceptez-le et vous pourrez vous libérer, tentez dès aujourd'hui de repérer ces filtres gênants. Vous sentez-vous persécuté ? Les autres sont-ils des ennemis en puissance ? Méprisez-vous le sexe opposé ? Êtes-vous très naïf ? Accordez-vous votre confiance aveuglément ? Votre enquête peut commencer.

Confrontées au stress, certaines personnes sont prises de panique et, désemparées, abandonnent – vous l'avez constaté mille fois ; d'autres adorent travailler sous pression – vous en connaissez sûrement dans votre entourage.

Des stimuli identiques ont donc généré deux réactions contraires. Pourquoi ? Tandis que les premières percevaient la situation comme écrasante, les secondes la considéraient comme une occasion rêvée de se dépasser. Et, dans la plupart des cas, nous sommes davantage sensibles aux « écrans » des autres parce que leur comportement bizarre ou décalé nous surprend ; ils nous semblent fous à lier, nous paraissent incapables de diriger leur vie. Mais rien n'est plus faux : car s'ils témoignent d'un regard sur le monde radicalement différent, en réalité leur raisonnement peut se montrer similaire au nôtre. Leur point de départ, leurs filtres sont tout autres, voilà l'explication.

Au chapitre premier, nous avons évoqué un type de comportement endémique qui consistait à se fonder sur des postulats non vérifiés. Vous l'avez déjà fait, avouez-le, et cela vous a conduit à pas grand-chose ; on peut en dire autant de nombreux patients qui peuplent les hôpitaux psychiatriques ; ils sont allés trop loin, tout simplement. Mais, tous, nous avons commis la même erreur, nous n'avons pas testé nos idées préconçues.

Le cas de Richard

Pendant la première semaine de mon internat à l'hôpital de Waco, en Virginie, je rencontrai un patient qui avait l'air totalement déphasé. Tandis que la plupart étaient très pauvres, plutôt maigres, négligés et mal habillés, cet homme-là avait tout d'un gentleman. Vêtu de son costume trois-pièces, discutant tranquillement avec moi dans le couloir, il aurait très bien pu passer pour un dirigeant attendant le début d'un conseil d'administration ; et ses remarques étaient on ne peut plus cohérentes et sensées. En fait, à mon arrivée, je l'avais pris pour un membre du personnel, puis je m'aperçus de mon erreur – il était bien trop courtois, bien trop révérencieux – et j'ai demandé des renseignements à mon responsable. En souriant, ce dernier murmura : « Chez Richard, les apparences sont trompeuses… Armez-vous de patience et vous verrez. »

À cette époque, certain de savoir tout ce qu'il y avait à savoir, assez sûr de moi, je me considérais comme un thérapeute hors pair – alors que je n'avais aucune expérience. Convaincu que mon responsable se trompait, je repris ma conversation avec Richard ; ce dernier se présentait comme un vétéran qui se rendait de temps à autre à l'hôpital, lorsqu'il se sentait abattu. Cela m'agaça. Je me souviens de m'être dit que nous n'étions pas une pension de famille et que Richard devrait plutôt rentrer chez lui.

Une semaine plus tard, en novembre, lors d'un bel après-midi de l'été indien, je me promenais dans le parc, profitant du soleil. M'approchant d'un banc, j'aperçus quelqu'un blotti en dessous, qui tremblait de tout son corps. C'était Richard. Je me penchai vers lui : « Que se passe-t-il ? » – « Baissez-vous ! », cria-t-il, « Baissez-vous ! Ils nous tirent dessus, ils nous tirent dessus ! » Je pensai immédiatement que si quelqu'un voulait tirer une rafale de mitraillette, une institution psychiatrique contenant quelque mille deux cents lits pouvait très bien faire l'affaire… Je me jetai à plat ventre, rampant jusqu'à Richard et, en scrutant l'horizon, je lui demandai de m'en dire plus. Très angoissé, Richard m'expliqua qu'ils lui tiraient dessus avec des fusils à rayons thermiques. Légèrement gêné, dirons-nous, je sortis de sous le banc, essuyai mes vêtements, m'assis et essayai de comprendre ce qui s'était passé. Ce jour-là, Richard était vêtu d'une chemise noire en Nylon. Il s'était assis sur le banc et le soleil avait commencé de lui brûler le dos. Le temps était instable et quand le soleil réapparaissait de derrière les nuages, la température grimpait vite. Dès que Richard avait senti cette chaleur, il avait présumé qu'« ils » l'attaquaient à coup de rayons thermiques.

L'assertion était fausse et plutôt bizarre, j'en conviens. Mais si elle s'était avérée exacte, l'ensemble du comportement de Richard n'était-il pas parfaitement sensé ? Quand vous croyez qu'on vous tire dessus, vous courez vous mettre à l'abri, vous craignez pour votre sécurité, vous avertissez les autres, vous êtes très agité : toute la conduite de Richard respectait la logique, seule son hypothèse était erronée et n'avait pas été vérifiée.

N'est-ce pas exactement ce que vous faites dans votre vie ? Vos présupposés sont sans doute moins étranges que ceux de Richard mais ils sont tout aussi peu fondés. « Personne ne m'aime », prétendez-vous ; à considérer cette assertion comme vraie et à ne pas la vérifier, vous n'obtiendrez jamais de démenti ; dans toutes les relations sociales, vous mésestimerez la conduite à tenir – Richard pensant que le monde entier veut l'assassiner, après tout, ce n'est qu'une version améliorée de « Personne ne m'aime ». Vous témoignez tous deux d'une logique à toute épreuve. Le problème n'est donc pas là ; si vous vous êtes engagé sur une mauvaise voie et si votre raisonnement est ensuite imparable, vous raterez quand même la cible.

Nos filtres sont beaucoup plus invalidants qu'on ne pourrait l'imaginer : de fait, les gens ne se voient jamais d'une manière objective, réaliste, et font le plus souvent abstraction de leur propre participation au monde extérieur. N'avez-vous jamais entendu quelqu'un raconter un épisode difficile de sa vie sans faire état de la moindre responsabilité de sa part ? Il s'en prend aux autres personnes impliquées, souvent avec des détails plus horribles les uns que les autres, mais il oublie tout simplement de parler… de lui.

L'histoire de Lyndon

J'ai collaboré avec un brillant analyste judiciaire, Lyndon McLennan. Il y a quelques années de cela, Lyndon venait juste de déménager et je l'hébergeais pour quelque temps. Un lundi matin, en passant devant son bureau, je surpris par hasard une conversation entre collègues, dans laquelle il racontait ce qui lui était arrivé pendant le week-end. Un homme d'une vingtaine d'années était entré dans la laverie automatique et, sans rien dire, avait retiré du sèche-linge les vêtements de Lyndon – alors absent –, les avait empilés sur la table puis, tranquillement, avait placé les siens. À son retour, Lyndon avait pu constater ce qui s'était passé… Tandis qu'il relatait sa mésaventure, il était encore fâché. J'avoue ne pas bien connaître la règle à suivre dans une laverie et je ne comprenais pas où il voulait en venir.

Lyndon poursuivit : il avait apostrophé l'insolent et la dispute avait éclaté. Sans doute s'étaient-ils très vite trouvés à court d'arguments car ils en vinrent aux mains, se bagarrèrent jusqu'à ce que Lyndon parvienne à dominer le jeune homme et commence à l'étrangler. Avec beaucoup de passion, Lyndon, victorieux, raconta la fin de l'histoire : le genou sur la poitrine de son adversaire, il lui avait crié : « Si tu me promets de te comporter comme un garçon de ton âge, je te laisse te relever ! » Lyndon acheva en nous demandant si nous pouvions *imaginer* une conduite aussi puérile.

Estimant que Lyndon, la quarantaine passée, témoignait d'une attitude plus qu'immature en se battant ainsi pour une affaire de séchoir, je lui dis mon sentiment. Il accueillit ma remarque d'un regard absent, me répondant que cela ne l'avait pas effleuré ; totalement inconscient de la nature de sa conduite, il fut profondément blessé lorsque tous ses collègues s'esclaffèrent. Depuis, tous le surnomment « Laverie automatique ». La morale de l'histoire, c'est que Lyndon ne pouvait pas donner un récit objectif, il lui était impossible d'examiner son comportement de manière rationnelle. Et vous ?

Les écrans entre le monde et nous sont tous construits à partir de *convictions bien arrêtées*, pouvant être considérées comme des décisions de vie qui ont mal tourné : elles sont si ancrées, si figées, si irréfutables, qu'elles sont devenues l'un des fondements de notre système de perception ; à un niveau conscient ou non, nous ne cherchons plus de nouvelles sources d'information, nous ne sommes plus réceptifs à la moindre contradiction. Parmi les plus nocives figurent celles qui restreignent notre champ de réflexion et d'action.

Comme dans tous les domaines, vous ne pouvez changer ce que vous ne vous avouez pas. Ne pas repérer ces convictions négatives et sources d'inhibitions revient à les laisser faire, miner la stratégie que vous élaborez, permettre au doute de s'installer. Refuser d'ouvrir les yeux s'avérera fatal dans votre effort pour surmonter une crise. Soyons clair : vous estimez ces convictions exactes, intangibles, elles constituent de véritables commandements divins, et c'est cela qui est dangereux. L'objectif est de faire l'inventaire de ces positions, de les remettre en cause et de comprendre que la plupart d'entre elles proviennent d'une mauvaise gestion de votre passé.

EXERCICE N° 10

Vous avez déjà deviné la nature de cet exercice. Au plus profond de vous-même, essayez de détecter ces convictions qui vous inhibent depuis si longtemps. Nous en avons tous. Les plus dangereuses sont celles dont vous n'êtes même plus conscient et qui, jour après jour, silencieuses, insidieuses, presque imperceptibles, grignotent votre énergie.

Tandis que certaines puisent leurs racines dans votre enfance – un psy ne peut quand même pas écrire un livre sans vous parler de votre petite enfance ! –, d'autres sont beaucoup plus récentes. Mais toutes contribuent à altérer votre vision du monde. Saisissez les ressorts de ces convictions, sinon, vous serez vaincu d'avance face à toute situation de rivalité, que ce soit un emploi, une relation amoureuse ou une recherche de performance. Souvenez-vous de ce dicton : « Quand on veut, on peut. Quand on ne veut pas, on ne peut pas. » Afin d'être combatif et efficace, identifiez ce qui bride vos efforts ; devenu plus attentif, vous viendrez à bout de toutes ces convictions et serez prêt à mener la contre-attaque. Pour vous aider dans cette tâche, voici quelques exemples puisés dans ma propre expérience :

- Les pauvres n'ont pas de belles manières. Je ferais bien de l'accepter.
- Je ne suis pas quelqu'un de très brillant, voilà tout.
- Je suis moins bon que les autres, ce n'est pas la peine de lutter.
- Je n'arrive jamais à la première place.
- Mes projets commencent bien mais il y a toujours quelque chose qui flanque tout par terre.
- Je suis comme je suis. Je ne peux pas changer.
- Mon milieu familial ne me permet pas d'accéder à mes désirs.
- Je n'ai jamais été capable de le faire auparavant. Alors pourquoi rester optimiste ?
- Si je suis heureux, détendu, quelque chose va me tomber dessus.
- Si on savait le nombre de fois où j'ai joué la comédie, j'aurais des problèmes.
- Si j'essaie de changer, ça va gêner les autres.
- C'est très égoïste de ma part de consacrer autant de temps et d'énergie à ma petite personne.
- Je ne mérite pas une seconde chance.

Avez-vous repéré dans cette liste quelques-unes de vos convictions ? Quoi qu'il en soit, il est temps d'ouvrir votre journal de bord et d'établir votre propre liste. La meilleure référence est cette carte que vous aviez remplie lors de l'exercice n° 5 relatif à la deuxième loi de la vie. Utilisez-la pour recenser tout ce que vous rejouez dans une même journée, extirpez ces mauvaises perceptions de vous-même et continuez – car vous irez de découverte en découverte. Restez vigilant, bien déterminé à démasquer ces inhibitions. Telle est la condition d'une solide stratégie de vie.

Vous n'en valez pas la peine ? Vous n'êtes pas à la hauteur ? Chassez ces pensées négatives qui menacent votre avenir. C'est le moment ou jamais d'engager le combat, sinon vos chances d'assimiler les connaissances acquises dans cet ouvrage seront sérieusement compromises. Prenez le temps qu'il vous faut pour étudier en profondeur votre système de valeurs. Et ces convictions concernent peut-être aussi :

- Votre mari ou votre femme.
- Les relations avec les êtres chers.
- Votre carrière.
- Votre avenir.
- Vos amis.
- Dieu.
- Le monde en général.
- Les gens en général.

Dès que vous ouvrirez les yeux, vous pourrez enfin réévaluer activement les domaines de votre vie. Vous savez que vous seul gérez votre manière de percevoir le monde, votre vie et vos réactions : c'est un réel pouvoir. Faites le nécessaire pour ancrer votre perception dans le réel, pour l'éprouver à chaque instant. Alors, les perspectives ouvertes seront immenses : un mot usé deviendra subitement un mot nouveau, et vous voici un autre homme, une autre femme. Vous êtes un organisme dynamique ; à travers chaque expérience vécue, vous vous transformez et, si vous savez tirer les leçons, vous progressez – de même si vous savez bien utiliser ce livre. La réalité n'existe pas, seule compte la perception. Retrouvez un regard neuf, lavé de tout ce qui venait de votre passé.

CHAPITRE VIII

On gère sa vie,
on ne la subit pas

« L'important, ce n'est pas d'être tombé.
C'est d'avoir su se relever. »
Vince Lombardi

Loi nº 7
On gère sa vie, on ne la subit pas

Votre stratégie : assumez votre vie. La route sera longue et vous êtes seul aux commandes, tous les jours.

La vie n'est pas un long fleuve tranquille et il ne se passera pas un moment sans problèmes à régler ni défis à relever. Tandis qu'un domaine jouit d'une certaine accalmie – par exemple le domaine familial –, un autre – le domaine professionnel – est source de tracas. Ou c'est l'inverse. Nous tentons de nous cacher à nous-mêmes ce paradoxe, et nombre de poncifs expliquent pourquoi les problèmes constituent finalement une bonne chose :

- Affronter des problèmes forge le caractère.
- Sans quelques douleurs de temps en temps, nous serions incapables de goûter au plaisir.
- Les problèmes sont une occasion de se distinguer.

Même s'il y a sans doute une part de vérité, cela ne change rien à l'affaire : c'est à vous de gérer votre existence. C'est ainsi depuis toujours et ça le restera. Si vous reconnaissez et admettez cette loi, vous n'envisagerez pas toute difficulté comme une crise grave et vous ne conclurez pas à la hâte que vous êtes incapable de réussir. Pour éviter de commettre de telles erreurs de jugement, il est impératif de le comprendre tout de suite.

Depuis longtemps, le fait a été établi en psychologie : les personnes engagées dans une action sont moins dérangées par des événements qui leur tombent dessus que par la déception qu'elles éprouvent de voir s'évanouir leurs rêves. Si un jeune couple « romantique » aborde le mariage à la manière d'un conte de fées, il acceptera sans doute très mal certains compromis qu'implique la vie à deux ; en revanche, si de jeunes époux, forts d'expériences diverses, se préparent à faire face aux problèmes éventuels, ils auront des réactions émotionnelles beaucoup moins problématiques.

Vous tiendrez mieux le rôle de « gestionnaire de votre vie » si votre degré d'espérance est réaliste. La réussite est une cible mouvante et, dans ce monde en perpétuelle mutation, votre existence doit être constamment dirigée. Après la lecture de cet ouvrage, appliquez ses enseignements, ses vérités et ses principes, et votre vie s'en trouvera transformée, bonifiée – j'en serai alors ravi. Quelle que soit la qualité de votre existence actuelle, sachez que dans cinq ans elle sera tributaire de votre manière de la mener aujourd'hui.

J'ai fait référence au « gestionnaire de votre vie » et à vous-même comme s'il s'agissait de deux personnes distinctes, l'une prenant l'autre en charge. Dès à présent, conservez à l'esprit que vous êtes ce dirigeant-là, que vous allez le juger à l'instar d'un gérant de magasin ou de l'un de vos collègues. Considérez-le comme extérieur à vous-même : cette attitude vous donnera le recul nécessaire pour évaluer ses performances. Imaginez que vous deviez estimer l'efficacité du « gestionnaire de votre vie ». Quelle note lui attribuez-vous ? En oubliant que nous parlons en réalité de vous-même, jaugez ses résultats à partir des critères suivants :

1. Ce gestionnaire vous protège-t-il des risques insensés ?
2. Vous met-il dans des situations où vous pouvez utiliser l'ensemble de vos compétences ?
3. Crée-t-il des occasions qui vous offrent ce que vous désirez ?
4. Prend-il soin de votre santé, de votre équilibre physique, mental, affectif et spirituel ?
5. Choisit-il et recherche-t-il des relations saines dans lesquelles vous pouvez vous épanouir ?
6. Exige-t-il de vous de tendre vers des objectifs qui vous garderont jeune et alerte ?

7. Gère-t-il votre progression de manière à vous préserver tous les jours un peu de tranquillité ?
8. Planifie-t-il des moments de plaisir et de détente ?
9. Structure-t-il bien votre emploi du temps pour accorder assez de place aux domaines que vous considérez comme importants ?

Alors, que pensez-vous de lui ? Il vous est difficile de le licencier, vous l'avez bien compris... Vous n'avez d'autre choix que de le former et de le motiver – et d'user de patience. Mais ne faites pas d'erreur : vous êtes ce gestionnaire, vos objectifs consistent à obtenir les meilleurs résultats possibles, et si votre travail n'est pas satisfaisant, il faudra recommencer. Vous n'êtes pas votre seul client, en particulier si vous avez des enfants, mais vous êtes le principal. Prenez donc grand soin de vous, témoignez à votre égard de la plus haute considération : vous êtes quelqu'un de précieux. En ce qui me concerne, je peux vous affirmer que la personne la plus importante dans ma vie, c'est Phil McGraw. Cela ne me pose aucun problème et je ne crois pas être particulièrement égoïste. Je suis l'unique époux de ma femme et l'unique père de mes enfants : si je fais attention à moi, je tiendrai mieux mes rôles. En revanche, si je décide d'être un martyr, si je me sacrifie constamment et me néglige, je n'aurai rien, sur les plans physique ou affectif, à donner en cas de besoin ; si je ne place rien sur le « compte Phil », je risque la faillite dans tous les domaines. Ceux que j'aime sont la raison pour laquelle je prends soin de ma personne, et cette conviction détermine ma conduite, jour après jour. Pour ne pas tricher avec ma famille, je dois faire attention à moi.

Parce que je crois que votre travail de gestionnaire est fondamental, voici tout d'abord plusieurs choses à effectuer. En premier lieu, acceptez, reconnaissez et appliquez à votre *existence personnelle* toutes les lois, celles que nous venons d'étudier et celles à venir. En second lieu, promettez de *résoudre* plutôt que de *subir* vos problèmes. Le proverbe : « Les cordonniers sont toujours les plus mal chaussés » vient ici à propos : si vous êtes du genre à vous soucier des difficultés d'autrui au lieu de vous occuper des vôtres, vous allez droit à la catastrophe – et vous laissez tellement traîner les choses que cela ne vous gêne même plus… Décidez-vous et consacrez toute votre énergie à trouver des solutions non pas aux problèmes des autres mais aux *vôtres*. On ne donne que ce qu'on a : si vous êtes angoissé de voir votre existence ravagée, vous n'aurez plus rien à proposer à *ceux que vous aimez*, ni force, ni santé, ni sérénité. Ensuite, méfiez-vous des questions sans réponse. Certains aiment jouer au petit jeu des « Et si ? » : « Et si ma femme me quittait ? » ou : « Et si on décelait une tache sur mon poumon ? » ou encore : « Et si j'étais licencié ? ». D'après mon expérience, quand on laisse de telles questions nous miner, c'est parce qu'on ne cherche pas à y répondre, tout simplement ; on les retourne dans tous les sens mais on en reste là. Une crainte irrépressible de l'inconnu est paralysante. Se poser des questions est donc une bonne chose mais prendre le temps de trouver des réponses constructives est mieux encore. Assez de « Pourquoi ? », de « Qu'est-ce que c'est ? », de « Comment ? » et de « Et si ? » laissés dans le vague.

« Et si on me trouvait un cancer ? », telle est peut-être l'une de vos questions du moment. Une réponse réaliste, posée, prendrait en compte le taux de rémissions – pour certains types de cancer il est de 80 %, pour d'autres il est de 100 % – et l'importance des progrès accomplis dans la lutte contre cette maladie. En d'autres termes, plus les réponses sont réfléchies, plus elles peuvent être gérées, tandis que l'absence de réponse s'avère effrayante, donc tétanisante. Interrogez-vous mais répondez : si vous aimez le jeu des « Et si ? », allez jusqu'au bout, allez jusqu'aux réponses.

La quatrième responsabilité du « gestionnaire de votre

vie » est de refuser les conflits affectifs non résolus. Combien de fois avez-vous été témoin de réactions excessives qui répondaient à un événement apparemment anodin ? En réalité, ce type de réaction disproportionnée obéit à un « processus d'accumulation » : quand vous trépignez parce que votre conjoint n'a pas bien rebouché le tube de dentifrice, vous ne réagissez pas uniquement à cet événement, il ne s'agit que d'une étincelle qui enflamme le brasier de toutes les frustrations engrangées durant votre vie de couple. Au cœur d'une existence stressée et en constante évolution, il est si facile de garder en soi les souffrances et les causes de désaccord. Mais une telle accumulation finira par vous dominer et vous écrasera.

Un bon gestionnaire se doit de repérer les moments où il se sent vexé, en colère, lésé ou désemparé, puis, quand cela recommence, il prend un temps de repos pour gérer le ou les problèmes, discute avec la personne concernée ou, au moins, avec lui-même ; dès que possible, il entame le débat et insiste pour le clore afin ne plus traîner davantage le poids de sa souffrance. Traitez la question, refermez le livre et rangez-le – peu importe ce qu'il vous en coûtera, faites-le. Sans doute faudra-t-il affronter quelqu'un, peut-être cela nécessitera-t-il des excuses, un pardon – peu importe ce que cela impliquera, faites-le. Évitez ce type de fardeau, éliminez les conflits affectifs et accordez-vous de la tranquillité.

Enfin, honorez vos engagements, qu'ils aient été pris envers vous-même ou envers d'autres. Les accords non respectés perdent très vite leur sens et leur valeur. Mais ne vous trompez pas, car ce sont des pierres que vous déposez tout au long du chemin de la vie : pensez à ce que vous éprouvez quand un quidam rompt un engagement qu'il avait pris envers vous, demandez à vos enfants quel fut leur sentiment face à une promesse non tenue – passer plus de temps avec eux, assister à une fête... –, dénombrez le nombre de fois où, la semaine dernière, vous avez

~~manqué à votre parole.~~ Le message adressé aux membres de votre famille est alors difficile à entendre : il signifie qu'ils ne comptent pas beaucoup à vos yeux, il est perçu comme un rejet.

À se montrer peu fiable, on récolte la défiance – vous serez très surpris du nombre d'obstacles que vous avez dressés sur votre route. Dans le domaine familial, ce type de comportement est marquant car ce sont vos proches qui en font les frais et qui vous le montrent : je dis souvent que les parents ne sont pas plus heureux que l'enfant le plus triste – ne pas tenir une promesse à l'égard de son fils, qu'il ait quatre ou quarante-quatre ans, provoque douleur et éloignement. Vous représentez votre ressource numéro un. Gérez votre vie, et gérez-la bien ; travaillez dur, augmentez vos efforts, exigez toujours davantage : la détermination et l'engagement aideront vos actions à être, à paraître différentes. Parce que vous la considérez ainsi, votre vie sera dynamique, une vie qui compte.

Pensons à quelqu'un qui se promène dans un parc, par une belle journée ensoleillée, sans réelle destination, sans contrainte d'horaire. Il marche lentement, au hasard, les mains dans les poches, cheminant tantôt d'un côté tantôt d'un autre. Il s'arrête souvent, hésite à un croisement, revient sur ses pas ou prend le temps d'observer le ciel. Si le seul but de cette balade est de jouir du paysage et de profiter du soleil, rien de mal à cela, nous avons tous besoin de ces moments de détente. Mais quel modèle pour un gestionnaire qui a des changements décisifs à l'ordre du jour ! Comparons ce comportement avec celui d'une personne résolue, attendue à une réunion importante par exemple : elle coupe à travers le parc pour gagner du temps, elle marche vers un but précis et avec empressement. Elle a des ailes. Elle dispose d'un temps donné pour se rendre à son rendez-vous et ne se laissera pas distraire. N'importe qui peut discerner lequel de ces deux individus a une mission à remplir.

Bientôt vous allez élaborer une stratégie hautement personnalisée, qui vous permettra de gérer votre vie d'une manière décidée et non pas à la façon du promeneur vagabond. Cette tâche sera à considérer avec toute l'organisation et la détermination possibles ; elle consistera à stopper votre élan, à changer de trajectoire pour repartir dans la direction et à la vitesse souhaitées. Pour vraiment changer, il vous faudra être différent, ne plus être simplement « réactif » aux événements et établir un réel *projet de vie*. Cela signifie que votre mission a acquis une importance capitale. Un exemple : vous désirez repeindre votre maison. Vous pensez : « Il faudrait un de ces jours que je repeigne la maison. » Sous quel délai cela sera-t-il réalisé, à votre avis ? Comparez avec cette autre attitude : un samedi matin, vous vous réveillez à sept heures et déclarez : « J'ai un projet : je vais repeindre cette maison et j'aurai terminé avant dimanche à minuit. » La différence dans la gestion du projet sera ahurissante.

Avoir un projet de vie, c'est aborder tous les domaines avec la certitude de sa valeur, c'est se donner tous les moyens de réussir. La différence fondamentale entre vous et une « personne qui a de la chance » réside en ceci : elle a fait ce qu'elle a fait, vous avez fait ce que vous avez fait, tout simplement – vous avez abandonné trop tôt, vous vous êtes contenté de si peu.

Que vous agissiez ou non, le temps continue de s'écouler. Alors, ne remettez pas au lendemain, commencez *aujourd'hui*. Si vous êtes aussi avancé dans la lecture de cet ouvrage, c'est que vous désirez véritablement transformer votre existence. Je ne prétends pas que l'univers va se mettre à changer du tout au tout et à vous donner tout ce que vous souhaitez parce que vous êtes désormais prêt à le recevoir. Si vous prêtez le flanc, la vie saura être cruelle, vous retirer le bonheur ou un être cher – vous l'avez sans doute déjà appris à vos dépens. De façon plus insidieuse, une vie non gérée n'accordera rien, et si vous n'avez aucun plan, certains se serviront de vous pour appliquer le leur. Quelle terrible vision des choses ! C'est la seule vérité. En revanche, avec une stratégie bien définie, du courage, de la détermination, de l'énergie et un projet de vie, vous surmonterez tous les obstacles. Le monde n'est pas malfaisant, ce n'est que le monde, il ne faut pas le craindre mais le gérer au moyen d'une stratégie éprouvée. Songez-y : si vous trouvez votre place, vous obtiendrez ce dont vous avez besoin pour vivre autrement. Saisissez votre chance.

En vous concentrant sur la gestion de votre vie, vous comprendrez l'importance prise par les six premières lois étudiées, vous serez mieux équipé. Par exemple, si vous avez réalisé les différents exercices proposés, vous possédez déjà les outils essentiels ; vous savez identifier vos propres attitudes, repérer les gratifications qui leur sont associées et bientôt relativiser voire supprimer vos problèmes. Voici une autre bonne nouvelle : on gère sa vie, on ne la subit pas, donc tout n'est pas à recommencer chaque matin ; votre vie est déjà dotée d'une certaine structure qui peut vous servir – quelle que soit votre situation, célibataire, marié, vivant en famille ou habitant avec des amis.

Sans doute avez-vous déjà adopté certaines *décisions de vie* évoquées lors de la cinquième loi – « La vie récompense l'action » –, qui constituent l'ancrage psychologique de vos valeurs essentielles. Comme tout le monde, vous ne passez pas beaucoup de temps à y réfléchir ; elles existent pourtant. Ainsi, vous avez décidé de ne jamais user d'une quelconque violence, verbale ou physique, à l'encontre de ceux que vous aimez ; vous avez décidé d'enseigner à vos enfants la dignité et le respect. C'est à partir de ces prises de position, divisées en grands thèmes et qui vous définissent, que vous pourrez entamer la gestion de votre vie. Examinez-les et vous verrez que vous ne partez pas de zéro : c'est votre base, il vous reste maintenant à élaborer un projet.

Alors, quelles sont vos décisions de vie ? Pensez-vous en être dépourvu ? Sûrement pas. En les formulant, vous allez mettre de l'ordre dans votre existence et déterminer plus clairement les fondations sur lesquelles vous bâtirez votre stratégie.

EXERCICE N° 11

Consignez toutes les décisions de vie dont vous prenez conscience, ne négligez rien. Par exemple, je parie que vous avez décidé de ne pas être un tueur… Même si vous croyez n'y avoir jamais réfléchi, vous vous êtes toutefois défini comme une personne non violente. Afin de vous aider, voici d'autres exemples, déjà suivis ou à suivre :

- Dieu sera présent dans ma vie.
- Je vivrai dans la plus grande intégrité : je ne mentirai pas, je ne volerai pas.
- Je ne me disputerai pas devant mes enfants.
- Je ne demanderai pas à mes enfants d'affronter des problèmes d'adulte.
- Je ne recourrai pas à la violence physique.
- Je prendrai soin de moi afin de prendre soin des autres.

Ces décisions de vie sont tout sauf des lubies ou des promesses faites à la légère, elles sont profondes et vont au-delà de la pensée, elles représentent des convictions sur lesquelles vous appuierez votre vie. Établissez la liste la plus exhaustive possible : vous constaterez avec bonheur qu'un grand nombre de questions importantes ont déjà été réglées, vous découvrirez également des lacunes réclamant une décision immédiate. Quelles sont ces lacunes ? Quels sont les problèmes ? L'élément clé à considérer réside dans vos propres limites. La vie est tout sauf un voyage d'agrément, je pense que vous en conviendrez ; je n'ai jamais rencontré quelqu'un sans défaut, sans difficulté, sans requête – ça n'existe pas. La bonne question à poser est : « Comment gérer ses problèmes, quels efforts fournir pour y parvenir ? » Quand vous fixez mal vos limites, soit trop haut, soit trop bas, vous en rajoutez… Si vous exigez trop peu de vous-même, votre vie sera plutôt pauvre ; en revanche, si vous êtes un « perfectionniste », la barre est bien trop haute, vous évoluerez dans un rêve. Soyez réaliste et soyez patient – montez un étage après l'autre.

Sans nul doute, ces exigences constituent un type de décision de vie : si votre ambition consiste à adopter une position dirigeante, si vous recherchez l'excellence dans tous les domaines, alors cette décision est un tournant décisif. Les limites que vous allez vous donner ne seront pas constamment à remettre en cause ; elles nécessitent donc toute votre attention, toute la sincérité possible. En songeant à ces exigences, peut-être découvrirez-vous que votre comportement privilégie avant tout un certain confort ; vous suivez le cours des choses simplement parce que vous y êtes habitué. Vous avez peur du risque. Mais le confort est parfois synonyme d'immobilité, et cet état s'oppose au bien-être réel. Gardez en mémoire que vous constituez le plus important sinon l'unique agent de transformation de votre vie, vous êtes le seul à pouvoir agir. En faisant évoluer votre façon de penser, de ressentir, vous influerez sur la marche des événements. Rappelez-vous ces quelques vérités :

- Si vous continuez de faire ce que vous avez toujours fait, vous obtiendrez ce que vous avez toujours obtenu.
- Si vous agissez différemment, vos résultats seront différents.

Laissez votre confort, lancez-vous dans le travail et demandez plus. Êtes-vous un de ces « paresseux de la vie » ? Accordez-vous du temps et de l'énergie pour préciser vos objectifs et concevoir un plan ? Vous en avez l'intention mais vous ne le faites pas. Pour devenir un bon gestionnaire, il faut élever son niveau d'exigence jusque dans les domaines les plus simples et quotidiens : sa présentation, le contrôle de soi et de ses émotions, ses relations personnelles et professionnelles, la régulation de ses peurs… Commencez ainsi chaque journée : « Que faire aujourd'hui pour améliorer ma vie ? » À la question correspondront la réponse, puis l'action.

Si votre entourage ne s'aperçoit d'aucun changement de votre part, peut-être n'avez-vous pas bien saisi ce que je tente de vous expliquer. Changer la direction de votre existence, c'est réorganiser votre journée de fond en comble pour améliorer vos performances et, croyez-moi, c'est efficace. Un exemple : depuis des années, l'un de vos désirs est de rester en forme mais vous rentrez toujours épuisé à la maison, vous vous écroulez sur le canapé que vous ne quittez plus de la soirée. Stop. Il est possible d'agir autrement, je vous assure : je fais de l'exercice tous les jours ; un tiers du temps, je suis « sûr » d'être trop fatigué pour tenter quoi que ce soit mais après quinze minutes d'entraînement, je me sens mieux, je retrouve mon énergie, je suis prêt à tout affronter. Ne suivez pas vos mauvaises habitudes, exigez davantage de vous-même, et sur tous les plans.

Si vous vivez une relation où votre sang-froid vous fait souvent défaut, où les disputes sont constantes et violentes, exigez davantage de vous-même ; quand vous sentirez approcher un nouvel orage, prenez vos distances ou gardez votre calme. Ne vous laissez pas emporter par le torrent. Je pourrais vous citer des exemples par centaines mais cela ne servirait à rien ; vous êtes parfaitement conscient des moments où votre attitude laisse à désirer. C'est vous et *vous seul* qui constituez votre principale ressource pour bien gérer votre existence, tel est le message de cette septième loi, et votre efficacité sera le reflet de tous les talents mis en œuvre pour réussir. Vous êtes bien la personne la plus importante de votre vie.

Souvenez-vous encore de certaines situations où vous avez adopté des décisions qui allaient de soi. Alors tout marchait pour le mieux et tout semblait simple. Mais la vie n'est pas parfaite et on ne gagne pas à tous les coups : assimilez cela dans votre « système de gestion » et *tenez-en compte*. Testez votre maturité, exercez-vous à éliminer les défauts, à trouver des solutions, à rester endurant. Je parle bien de « maturité ». Il est si facile, en particulier au début de sa vie d'adulte, d'abandonner ce qui résiste, mais quand il s'agit du mariage ou des enfants, on ne peut pas tout rayer d'un trait. En acceptant cela, vous concentrerez tous vos efforts pour redresser et améliorer une décision malencontreuse.

Ne perdez jamais de vue vos enjeux. Des stratégies de vie mal conçues vous mèneront à des déceptions déprimantes voire au désastre total : si la question à régler est sans intérêt, les conséquences se révéleront bien sûr insignifiantes ; mais si elle est essentielle, les résultats seront déterminants. Le fait est que, même s'ils ne sont pas immédiats, les enjeux demeurent presque toujours essentiels et concernent votre qualité de vie, vos relations familiales, votre carrière, votre santé, votre sérénité, vos espoirs et vos objectifs. Que vous le vouliez ou non, vous êtes le « stratège de votre vie », alors soyez à la hauteur de votre tâche, les défis sont de taille. Possédez-vous les compétences nécessaires non seulement pour survivre mais pour réussir ? Si la réponse est négative, il vous faut donc les acquérir – ne soyez pas l'une des victimes de cette épidémie qui détruit aujourd'hui tant de vies.

Cette vie que vous gérez, c'est la vôtre. Sur tous les plans, affectif, physique, social, spirituel. À faire des choix avisés et constructifs, vous aurez ce que vous voulez. La quatrième loi stipulait qu'« on ne peut pas changer ce qu'on ne s'avoue pas ». Il vous reste à discerner les grands défis de votre existence, à bien fonder vos efforts de « gestionnaire ». Quand nous commencerons, au chapitre XII, à construire votre stratégie personnelle, ce savoir-là sera indispensable.

CHAPITRE IX

Nous apprenons aux autres la manière de nous traiter

« Nul ne peut vous faire sentir votre infériorité sans votre consentement. »
Eleanor Roosevelt

LOI N° 8
NOUS APPRENONS AUX AUTRES
LA MANIÈRE DE NOUS TRAITER

Votre stratégie : plutôt que de vous en plaindre, observez comment les autres vous traitent. Renégociez vos relations afin d'obtenir ce que vous voulez.

À la suite des premières lois qui se concentraient sur le pourquoi et le comment de la vie, cette huitième loi aborde la façon dont vous construisez vos relations. Elle ajoute une dimension importante en soutenant que, en plus de produire des résultats, vous constituez vous-même un résultat et que vous modelez donc le comportement des autres. Accepter leurs remarques, répondre à leurs demandes, acquiescer à leurs désirs sont autant d'attitudes qui auront un impact déterminant sur leur conduite. Selon vos réactions, ils décideront ou non de répéter une attitude. Vous avez donc une part active dans la nature de vos relations.

Dès lors, si vous vous interrogez sur la manière dont on vous traite, référez-vous à la troisième loi – « On fait ce qui nous satisfait » – et dites-vous qu'on agit ainsi parce que, en fonction des expériences précédentes, on a appris à reconnaître ce qui apporte une gratification ou, au contraire, ce qui n'en fournit aucune : si on a eu ce qu'on voulait, on garde en mémoire le comportement adopté, mais si on n'a eu aucun des effets escomptés, on abandonne ce type de conduite, on la remplace par une autre. Comme dans tous les domaines de votre vie, ce sont les résultats et non les intentions qui déterminent les interactions. Plaignez-vous, lamentez-vous, menacez : même ces réponses-là seront prises en compte par certains, qui penseront : « Eh bien voilà, ça marche. Je sais comment obtenir ce que je veux maintenant. »

Si l'on vous traite d'une manière inacceptable, il vous faudra saisir ce que vous faites pour susciter, permettre et maintenir une telle attitude ; si vous vivez avec quelqu'un qui se montre violent, profiteur ou distant, il vous faudra repérer ce que vous faites pour encourager cela afin de réajuster cette relation, afin de lui donner une meilleure direction. Car toute relation se définit par la réciprocité, chaque participant est actif et, dès le début, s'entame une négociation du type : « Je donne, je reçois. » Ensemble, votre partenaire et vous, vous en déterminez les règles, les conditions, les modalités. Alors, si vous n'aimez pas votre jeu, votre partenaire n'est pas le seul à blâmer, car vous êtes tout aussi responsable.

Voici les grandes lignes du processus : la personne A entre en contact avec la personne B et cette approche va déterminer le ton général de leur relation. La personne B réagit au message en adressant une réponse positive ou négative. Si c'est un refus, B va se rétracter ou bien s'accorder avec ce que veut A ; si la réponse de B change la donne, alors A va à son tour accepter ou rejeter. Et ainsi de suite jusqu'à ce qu'un type de relation soit adopté par les deux parties. Chacune a donc joué un rôle actif.

Histoire d'une dinde

Il y a quelque temps, j'ai reçu un couple d'une cinquantaine d'années, marié depuis vingt-sept ans. John était électricien et Kay secrétaire médicale. Issus tous deux d'une famille nombreuse, ils avaient élevé quatre enfants, qui désormais étaient grands et se débrouillaient seuls. Tout en affirmant qu'ils s'aimaient beaucoup, ils reconnaissaient qu'il étaient venus me voir parce que la communication était devenue très difficile entre eux.

Ils arrivèrent à mon cabinet un lendemain de fête en m'annonçant qu'ils avaient connu la dispute la plus terrible de toute leur vie commune. Tandis que Kay fulminait mais ne disait mot, John relatait les événements. Suivant la tradition, ils avaient décidé de cuire la dinde pendant la nuit qui précédait *Thanksgiving* ; ils attendaient à dîner vingt-six membres de leur famille. John ne buvait de l'alcool qu'à de rares occasions mais il me raconta le rituel auquel il obéissait : « Dans la nuit du mercredi avant *Thanksgiving*, j'achète une bouteille de whisky, puis je commence à me mettre aux fourneaux. J'aime bien faire cuire la dinde tranquillement. Vers minuit, j'enfourne la volaille, j'ouvre mon whisky et je commence ma veillée. Après avoir descendu un quart de la bouteille environ, la dinde et moi nous sommes cuits. »

Pendant toutes ces années, un tel rituel n'avait pas semblé déranger Kay. Mais cette année-là, John avait pris un peu d'avance dans sa consommation d'alcool et il avait oublié d'allumer le four… Quand il s'en s'aperçut, il était six heures du matin et l'énorme dinde était bien au froid, au fond du réfrigérateur. Grâce à une véritable illumination – due sans doute à sa consommation de whisky –, il choisit la décision la plus logique : faire frire la volaille morceau par morceau. Lorsque Kay entra dans la cuisine et découvrit les taches de graisse sur les murs, les cuisses de dinde frémissant dans huit ou neuf poêles et autres casseroles, et lorsqu'elle vit John barbouillé de farine, elle fut tout, sauf joyeuse.

Cette crise avait irrité John et Kay au-delà de toute mesure ; depuis dix jours ils s'adressaient à peine la parole, et chacun accusait l'autre de l'échec de leur mariage : tandis que John incriminait le mutisme quasi permanent de son épouse, Kay reprochait à son mari de parler sans arrêt et de ne jamais écouter. Comme la plupart des couples, celui-ci était venu me trouver non pas pour obtenir de l'aide mais bien pour disposer d'un arbitre qui les départagerait, voire d'un juge qui stigmatiserait la faute de l'autre. Il était bien sûr hors de question d'accéder à leur demande car aucun des deux n'avait raison. Ensemble, ils avaient défini la nature de leur relation : en acceptant son comportement durant leurs années de vie commune, John avait signifié à Kay qu'il admettait donc cette forme de passivité, cette communication réduite à peu de chose ; de son côté, en acceptant sa conduite pendant vingt-sept ans, Kay avait signifié à John qu'il pouvait dominer leur relation. En totale réciprocité, chacun avait fait comprendre à l'autre qu'il acceptait son attitude.

Quand ils furent parvenus à ce moment de leur existence où ils restèrent seuls à la maison, sans leurs enfants qui avaient servi de « tampons », les problèmes surgirent. En réalité, l'épisode de *Thanksgiving* qu'ils considéraient comme une crise grave avait fissuré les fondations de leur mariage. Il était grand temps de reconnaître qu'ils avaient accepté mutuellement leur manière d'être et que la conduite de chacun était loin d'être saine. Quand ils en prirent conscience et arrêtèrent le processus, ils purent davantage communiquer, développer une plus grande intimité et un sentiment de confiance – même si John n'est plus seul à avoir la responsabilité de cuire la dinde.

Comme cette histoire le révèle, un type de relation vieux de trente années peut tout aussi bien être redéfini. Car si vous pouvez dès le début apprendre aux autres la manière de vous traiter, vous pouvez également modifier cette attitude. C'est dans le « donnant, donnant » qu'une relation se négocie au mieux. Ne vous en rendiez-vous pas compte ? Pourtant, vous le faisiez et maintenant, vous le savez : se trouver au cœur d'une négociation importante et ne pas s'en rendre compte peut s'avérer très dangereux. J'ai une bonne nouvelle pour vous : étant responsable de vos actes, libre à vous de « reprendre les négociations » quand cela est nécessaire et aussi longtemps qu'il le faudra. Après quelque trente années de vie commune, John et Kay ont repris ces négociations. Peu importe si votre relation est récente ou ancienne, vous en êtes, au sens strict du terme, entièrement responsable.

Le cas de Dolores

Je me souviens d'un exemple autrement plus tragique qui illustre cette loi. Au tout début de ma carrière, j'intervins aux urgences à la demande d'un neurochirurgien avec qui je travaillais régulièrement. Étant spécialisé dans la prise en charge des traumatismes crâniens et des troubles qui s'ensuivaient, il me demanda de l'aider à établir un diagnostic concernant une femme qui souffrait d'un traumatisme grave et peut-être d'une lésion interne. Je n'étais qu'à quelques rues de l'hôpital quand je reçus l'appel, ce qui me permit d'arriver avant qu'on ait terminé de nettoyer ses plaies et que les détails de l'affaire soient connus.

Quand j'entrai dans la pièce, Dolores était à demi consciente et ne disait rien. Une large blessure descendait jusqu'au front, son oreille gauche avait été sectionnée, ses dents avaient été brisées, son nez était cassé. Situé non loin d'une autoroute, l'hôpital accueillait fréquemment des accidentés graves. Les blessures de Dolores semblaient indiquer qu'elle avait été éjectée de son véhicule en faisant éclater le pare-brise puis qu'elle était tombée sur le bitume. Afin de tester son degré de conscience plus que pour recueillir des informations, je m'adressai à elle. Ma première question fut : « Dolores, dites-moi où c'est arrivé ? » Cela serait utile pour établir le diagnostic et pour déceler une éventuelle amnésie. Je désirais aussi éprouver sa mémoire immédiate afin de vérifier si elle était capable d'identifier l'autoroute où le choc s'était produit.

Dire que la réponse de Dolores m'abasourdit serait un euphémisme. D'une voix faible, elle me répondit : « C'est arrivé chez moi, dans ma chambre. » À contrecœur, elle m'avoua que son mari l'avait battue. J'étais désemparé, dégoûté, profondément indigné : toutes les contusions étaient l'œuvre de celui qui partageait sa vie. Dans un effort pour la réconforter, je lui dis : « Je suis vraiment désolé de ce qui vous est arrivé. Vous devez être tellement bouleversée. » En me regardant de ses yeux enflés, Dolores fit un mouvement qui ressembla à un haussement d'épaules : « J'ai été choquée la première fois, mais je crois que je ne le suis plus. » Mon attitude changea du tout au tout, je l'avoue. Je n'étais pas moins horrifié par l'étendue de sa souffrance. Rien ne pouvait me faire changer d'avis à propos de son mari, un homme abominable, un malade. Mais à ce moment-là, j'étais dérouté. Comment ces gens pouvaient-ils vivre ainsi ? Pour moi, c'était simplement une tentative de meurtre. J'ai alors pensé : « Dolores, peu importent les circonstances, quelle que soit l'emprise qu'il a sur vous, partez. Car c'est *inacceptable.* »

En examinant son dossier médical, j'appris la triste histoire de ses précédentes visites aux urgences : son mari lui avait cassé quatre côtes, il lui avait mis les mains sur une plaque brûlante, à deux reprises il l'avait frappée jusqu'à la rendre inconsciente, au cours des trois dernières années elle avait eu besoin de nombreux points de suture. Mais elle le protégeait toujours, elle mentait et finissait par rentrer avec lui.

Indéniablement, cette situation était déplorable, mais je maintiens que Dolores avait sa part de responsabilité. En restant avec son mari, en refusant de porter plainte, elle lui avait donc signifié ceci : « Ton comportement me convient. Tu n'as rien à craindre. Je te laisserai me battre. Je te laisserai me tuer. » Peut-être me direz-vous qu'il est très difficile pour une femme, en particulier si elle n'a pas de travail, d'avoir les moyens de s'enfuir. C'est vrai, je le sais, je comprends aussi ce sentiment d'impuissance, cette sensation d'être prise au piège et cette peur de mettre ses enfants en danger. Mais protéger sa vie et son intégrité passe avant tout. Soit vous apprenez aux autres à vous traiter dans le respect et la dignité, soit vous ne le faites pas.

Dolores n'était pas à condamner, elle était la victime d'une infamie, *mais* c'était à elle de se protéger du danger ou de mettre l'autre hors d'état de nuire. À mon avis, son mari était bien trop déséquilibré, jamais elle ne pourrait lui faire confiance, jamais. Elle ne pouvait se fier qu'à elle-même. Il n'y a aucune demi-mesure, aucune circonstance atténuante, aucune excuse, il n'y a qu'une seule alternative : si l'on vous bat, fuyez, allez immédiatement chercher de l'aide. Mes collègues et moi-même avions appelé la police ; le mari de Dolores écopa d'une mise en liberté surveillée. La dernière fois que j'ai eu de leurs nouvelles, ils vivaient ensemble.

Quelle que soit la personnalité de votre conjoint, vous lui avez donné les règles, vous lui avez indiqué les limites de votre relation, ce qui lui a permis d'assimiler vos réponses. Si vous percevez le rôle que vous tenez dans ce pacte, dans cette convention, vous êtes donc en cohérence avec la deuxième loi de la vie : nous sommes responsables, « nous créons notre propre expérience » et, en acceptant le comportement de notre partenaire, nous en choisissons – nous en subissons – les conséquences. Pour faire changer les choses, il faudra réapprendre ce qui marche et ce qui ne marche pas dans votre couple.

J'espère que votre relation est moins négative, moins destructrice que celle de Dolores. Mais les règles sont les mêmes. Vous dictez aux gens ce qu'ils peuvent vous faire ou non, soit de manière active en « récompensant » leur comportement, soit de manière passive en les laissant continuer. Quand vous admettrez cette loi, vous commencerez à analyser votre conduite avec autrui, vous réaliserez pourquoi vous en êtes là aujourd'hui et vous pourrez enfin faire évoluer la situation. Je ne dis pas que c'est facile, je dis qu'il faut essayer car vous en valez la peine. En ce moment, je tente de vous influencer, de vous manipuler, c'est vrai : après avoir avancé que chaque personne détermine la nature d'une relation, je voudrais que vous parveniez à une définition correcte d'une relation, qui tiendrait compte de l'autre, qui serait faite de respect et de dignité sur les plans physique, psychique et affectif. Pour cela, il vous faut maîtriser vos réactions ; vous ne pouvez changer ce que vous ne vous avouez pas, donc concentrez-vous sur votre conduite.

La question fondamentale reste : « récompensez »-vous ou non votre partenaire pour son comportement exécrable ? Les gratifications font partie de toute relation, nous l'avons vu : si votre conjoint vous traite bien, il va de soi que votre réponse sera positive ; en revanche, s'il se montre indifférent ou cruel, vous ne devez rien lui accorder. Lorsque les gens sont agressifs, autoritaires et que ça marche – c'est-à-dire qu'aucune résistance ne leur est opposée –, leur attitude en est confortée. Votre mission consistera à identifier ces gratifications. Par exemple, si votre conjoint boude quand vous n'accédez pas à ses désirs et que ça marche, il sait maintenant comment faire avec vous. Parfois, les choses sont moins apparentes, parfois nous trichons avec nous-mêmes, n'exigeant pas de l'autre qu'il partage les tâches, lui permettant ainsi de s'en tirer avec peu d'efforts. Il en retire la conclusion suivante : je peux atteindre mon but en travaillant peu. Quelquefois, nous couvrons son impuissance et acceptons de porter un fardeau psychologique, affectif ou financier bien trop lourd. De nouveau, la conclusion est simple : il récolte les fruits de votre labeur. Plus insidieux : vous vous empêchez d'être brillant afin de ne pas le menacer. Le résultat est : un faux sentiment d'égalité et de sécurité.

Certaines personnes maternent leur partenaire, le surprotègent et aboutissent à cela : il n'a aucun espoir de devenir un adulte. Certaines assument tout, argent et maison. Conclusion : il pense qu'il peut tout avoir. Certaines encore autorisent une relation satisfaisante pour l'autre mais non pour elles-mêmes. Conclusion : il n'offre rien, il devient égocentrique. Inutile de continuer plus avant, car peu importe le type de conduite que vous acceptez, votre seule tolérance constitue déjà une gratification, subtile mais repérable.

Avant de reprendre la négociation, engagez-vous à adopter une position de force et de pouvoir et non de peur et de doute. Atteindre cela requiert tout le savoir et la détermination évoqués dans les chapitres précédents ; cette volonté, qui inclut celle de vivre dans le respect et la dignité, doit rester inébranlable. Prenez une décision de vie – vous êtes mieux seul que mal accompagné –, ne trichez pas, soyez sincère : vous préférez vraiment être seul et mener une existence équilibrée, joyeuse et saine plutôt que d'être avec quelqu'un en qui vous n'avez pas confiance. Vous pouvez dépendre de cette personne, vous pouvez lui être très attaché, mais si elle refuse de vous traiter correctement, dites-lui : « Change ton attitude, sinon je m'en vais. » En évaluant votre relation, attention à ne pas vous leurrer, car il est pénible de reconnaître que vous êtes, même en partie, responsable des mauvais traitements que vous subissez – il est toujours plus facile et plus commode de rester une victime et d'accuser l'autre. J'espère vous avoir convaincu mais vous le savez au fond de vous : en réalité, vous êtes responsable. Mais si vous refusez de l'entendre, comment vivre mieux ?

Crier sur tous les toits que vous allez changer, puis retourner à votre comportement destructeur mais combien familier serait la pire chose à faire : parce que toute promesse non tenue enseigne à votre partenaire qu'il est désormais superflu de prendre au sérieux vos déclarations. Au contraire, apprenez-lui à être patient et à vous faire confiance. Ce serment-là appartient à vos décisions de vie, alors ne dérogez pas, et si votre relation est en jeu, engagez-vous à refuser les compromis – car ce serait vous dévaluer. Comme pour tous les éléments de votre stratégie de vie, il sera important d'effectuer ces changements de manière réfléchie et constructive et, au préalable, de déterminer avec précision et honnêteté où vous en êtes dans votre relation.

EXERCICE N° 12

Pour être le plus éclairant possible, nous prendrons comme exemple une interaction qui se prête parfaitement au petit questionnaire qui suit : votre relation amoureuse. Ce questionnaire vous aidera à porter un diagnostic sur son état présent, sur ses modalités et sur ses sources.

1. En toute honnêteté, trouvez-vous que vous donnez, tandis que votre partenaire ne fait que prendre ? <u>Oui</u> ☐ <u>Non</u> ☐

2. Votre relation se résume-t-elle à une relation parent / enfant ou se joue-t-elle entre deux adultes ? <u>Oui</u> ☐ <u>Non</u> ☐

3. Vos disputes témoignent-elles d'une fréquence et / ou d'une intensité croissantes ? <u>Oui</u> ☐ <u>Non</u> ☐

4. Présentez-vous souvent vos excuses ? <u>Oui</u> ☐ <u>Non</u> ☐

5. Ressentez-vous le besoin d'avoir plus d'espace et plus de temps pour vous ? <u>Oui</u> ☐ <u>Non</u> ☐

6. En pensant à l'année passée, considérez-vous avoir fait tous les sacrifices et tous les changements possibles ? <u>Oui</u> ☐ <u>Non</u> ☐

7. Trouvez-vous souvent des excuses : à votre partenaire, à vous-même, aux autres ? <u>Oui</u> ☐ <u>Non</u> ☐

8. Votre demande affective est-elle comblée ? <u>Oui</u> ☐ <u>Non</u> ☐

9. Si vous avez répondu « non » à la question précédente, croyez-vous que cela vous prive d'une part importante de votre vie ? <u>Oui</u> ☐ <u>Non</u> ☐

10. Êtes-vous frustré sur le plan physique ? <u>Oui</u> ☐ <u>Non</u> ☐

11. Trouvez-vous que votre relation passe après le travail de votre partenaire, après les enfants ou toute autre priorité ? <u>Oui</u> ☐ <u>Non</u> ☐

12. Gardez-vous beaucoup de choses secrètes ? <u>Oui</u> ☐ <u>Non</u> ☐

13. Pensez-vous qu'on se sert de vous ? <u>Oui</u> ☐ <u>Non</u> ☐

		Oui	Non
14.	Estimez-vous que cette relation devrait apporter davantage à votre vie ?	☐	☐
15.	Avez-vous déjà retrouvé un type de comportement chez vos parents ou bien chez ceux de votre partenaire ?	☐	☐
16.	Vous sentez-vous trop menacé pour risquer une véritable intimité dans votre couple ?	☐	☐
17.	Considérez-vous que vous êtes seul à travailler sur votre relation ?	☐	☐
18.	La culpabilité occupe-t-elle une grande place au sein de votre couple ?	☐	☐
19.	Trouvez-vous que vous suivez le courant, simplement ?	☐	☐
20.	La personne avec qui vous vivez est-elle un colocataire plutôt qu'un vrai partenaire amoureux ?	☐	☐
21.	Vous mettez-vous à imaginer comment ce serait de ne plus vivre cette relation ?	☐	☐
22.	Pour accéder à la sérénité et à l'harmonie dans votre couple, vous sentez-vous obligé de ne pas être vous-même ?	☐	☐
23.	Avez-vous tous les deux arrêté de travailler sur cette relation et l'acceptez-vous telle qu'elle est ?	☐	☐
24.	Vivez-vous cette relation aujourd'hui parce que vous la viviez hier, et non parce que vous souhaitez vraiment la maintenir ?	☐	☐

Comptez le nombre de questions dont la réponse est positive. Plus vous avez de « oui », plus votre relation semble problématique. Ces « oui » peuvent constituer une base de discussion pour reprendre les négociations entre votre partenaire et vous.

En exigeant plus de votre relation, vous êtes en quelque sorte en train de « modifier la donne ». Mais attention, car les autres n'apprécieront guère et *résisteront à vos tentatives de bouleversement*. Vous avez établi ensemble une convention, vous avez gratifié leur conduite et, comme vous, ils se sont installés dans cet équilibre. Alors, si les règles ont changé, il serait légitime de les en informer avant de rejouer ; de même qu'un automobiliste a appris à s'arrêter au feu rouge et à démarrer au feu vert, votre partenaire est en droit de connaître le nouveau code de la route. En cas de résistance, ne sous-estimez pas cette force et observez bien les formes qu'elle prendra, allant de la remarque : « Tu ne fais plus attention à moi » au véritable chantage affectif. Ce dernier peut s'exprimer par des menaces de rupture voire de suicide. Vous pourrez entendre des répliques comme :

- « Tu ne peux pas me faire ça, c'est pas vrai ! »
- « Cela fait longtemps que tu me détestes autant ? »
- « J'ai essayé de te rendre heureux, je t'ai tout donné. »
- « Tu sais comment m'atteindre, me faire du mal, et tu ne t'en prives pas. »
- « Il y a quelqu'un d'autre, c'est ça ? »
- « Tes soi-disant amis sont jaloux et ils te bourrent le crâne avec ces bêtises, tu es aveugle ? »
- « Et tu te crois parfait, peut-être ? »
- « Tu n'as rien à dire, d'abord : tu te rappelles ce que tu as fait l'année dernière ? »
- « Je préfère mourir plutôt que de te perdre. »

Étudions ce discours de plus près. En premier lieu, il est totalement intéressé et manipulateur. « Tu ne peux pas me faire ça… » est une parole de victime, une tentative de vous culpabiliser : vous êtes donc quelqu'un de blessant. « Il y a quelqu'un d'autre… » ou « Tes soi-disant amis sont jaloux… » sont des attaques en règle, de même que « Tu as fait ceci et cela », « J'ai bien essayé, mais non… », « Et tu te crois parfait… » ou « Tu t'en moques ». Enfin tombe la sentence : « Je préfère mourir plutôt que de te perdre. »

Par la suite, votre partenaire risque d'adopter les attitudes suivantes : il prétendra que rien ne s'est passé et poursuivra ses activités, il débordera d'affection – pour un temps limité –, il contactera vos amis, des membres de votre famille pour qu'ils vous dissuadent de ces « folies »… De toute manière, le cheval de bataille reste la culpabilité, cette arme redoutable et destructrice, paralysante et écrasante, dont vous devez craindre le pouvoir de manipulation. Il n'y a rien à faire si vous restez englué dans cette culpabilité ; le seul choix réside dans la reconnaissance des problèmes, de leurs causes et de leur résolution. La vie récompense l'action ; la culpabilité, c'est la mort. Restez sur votre voie, n'en déviez pas, et si votre partenaire vous menace de partir ou de se jeter par la fenêtre, sachez qu'il bluffe le plus souvent – et si vous jugez cette menace fondée, c'est que votre relation ou votre partenaire est beaucoup plus instable que vous ne le pensiez. Dans tous les cas, si vous le croyez capable de passer à l'acte, appelez la police, ou votre médecin, laissez faire les professionnels mais *ne cédez pas*. En lui offrant votre défaillance, vous lui permettrez de vous manipuler.

Pour clore notre discussion à propos de cette huitième loi, observons-la de l'extérieur. Dans votre vie, quelles sont les personnes qui vous laissent les traiter de manière indigne et irrespectueuse ? Vous ont-elles transmis ce message ? Vous ont-elles appris à vivre ainsi ? Rappelez-vous le principe de réciprocité – vous obtenez ce que vous avez donné. Ne demandez pas aux autres de faire ce que vous refusez de faire vous-même, portez un regard lucide sur votre propre comportement. Alors vous gagnerez en crédibilité, vous contribuerez à créer un environnement propice aux changements. Ne jugez pas les autres si vous n'êtes pas prêt à vous juger vous-même.

CHAPITRE X

Pardonner,
c'est retrouver du pouvoir

*« Tout ce qui commence dans la colère
s'achève dans la honte. »*
Benjamin Franklin

LOI N° 9
PARDONNER, C'EST RETROUVER DU POUVOIR

Votre stratégie : ouvrez les yeux sur la terrible influence que la colère et l'amertume exercent sur vous. Regagnez votre pouvoir, reprenez-le à ceux qui vous ont blessé.

De toutes les émotions, la haine, la colère et l'amertume sont les plus puissantes et les plus destructrices. Peut-être croyez-vous légitime de rager contre quelqu'un qui vous a offensé ; peut-être estimez-vous qu'il le mérite, qu'il doit être l'objet de cette hargne ; et vous considérez parfois votre haine à l'égal d'une malédiction s'abattant sur cet être méprisable. Mais éprouver et nourrir des sentiments aussi forts réclame un très lourd tribut : car ils vous atteignent en profondeur et vous dévorent, cœur et âme.

Tel un incendie ravageant la forêt, ces émotions extrêmes tendent à vous étouffer, à vous consumer et provoquent des attitudes nuisibles allant de l'agressivité à la rancœur. Lorsque vous rencontrez une personne sous l'emprise de tels sentiments, il est assez facile d'imaginer la violence du tourment intérieur qui la ronge. Cela est vrai au sens strict du terme ; rappelez-vous ce que nous avions abordé au chapitre III : à chaque pensée correspond une réaction d'ordre physiologique, dont l'ampleur sera d'autant plus grande que le sentiment sera négatif. Quand vous éprouvez de la haine, de la colère ou de l'amertume, votre équilibre en est grièvement perturbé. Faut-il lutter ? Faut-il fuir ? De telles questions vous habitent nuit et jour, sans répit, et il vous est dès lors impossible de ressentir quoi que ce soit d'autre – de la joie, du répit ou de la sérénité.

À subir de telles émotions, votre organisme ne tarde pas à manifester des désordres fonctionnels. Ainsi, certaines personnes souffrent de troubles du sommeil, de fatigue et de manque de concentration ; leur tension nerveuse engendre migraines, ulcères, mal de dos, et cela peut aller jusqu'aux problèmes cardiaques. Nous ne sommes pas faits pour ressentir simultanément un grand bonheur et une profonde tristesse, de la tranquillité et de l'agitation. Notre condition physique s'en trouve gravement menacée.

Vous connaissez désormais l'effet que les émotions ont sur votre corps ; vous devez également apprendre qu'elles induisent votre propre enfermement : quand vous décidez de haïr, de vous emporter ou d'être aigri, vous élevez un mur entre vous et les autres, vous devenez prisonnier de vos sentiments. Rapidement, ces derniers deviennent contagieux, tendant à s'appliquer à l'ensemble de vos relations, à la structure même de votre rapport au monde. Ils font de vous une personne différente, qui se définit par la colère ou l'amertume ; en touchant à votre être le plus intime, en bouleversant votre façon de vivre, en empoisonnant vos relations, ils deviennent tout-puissants. Vos proches ne vous comprennent plus, ne retrouvent plus celui qu'ils ont aimé ; vous voici aveuglé dans votre appréhension du monde extérieur. La réalité n'existe pas, seule compte la perception – et la vôtre est totalement déformée par les sentiments qui vous rongent. Il est inutile de croire que vous parviendrez à les dissimuler, car ils apparaîtront en plein jour, à chaque instant.

Vous êtes responsable de toutes les relations que vous établissez, avons-nous dit. Si vous êtes pris par la colère ou par l'amertume, alors tout en sera entaché. Votre mission consistera à vous en libérer : pour le bien de votre conjoint, de vos enfants et des êtres chers, pour votre salut, ayez le courage de briser ces chaînes, de laver votre cœur et votre âme du poison de la haine. Que votre hargne soit justifiée ne justifie en rien de l'éprouver, sachez-le. Mais si vous persistez, n'oubliez pas ceci : vous ne pouvez donner ce que vous n'avez pas. Songez-y de la façon la plus terre à terre. Peu importe que vous désiriez donner un milliard à quelqu'un : si vous ne l'avez pas, vous ne pouvez pas le faire. De même, vous êtes incapable d'offrir un amour pur venant d'un cœur pur quand vous ne possédez aucun des deux ; si dans votre cœur règne la haine, si vous êtes devenu froid, dur, alors les seuls sentiments que vous serez en mesure de ressentir et de partager seront de cet ordre – que ce soit à l'égard de vos enfants, de votre partenaire, de vos parents, de vos frères et sœurs ou de quiconque. Ces sentiments vous ravagent et troublent votre rapport au monde.

En règle générale, ils proviennent de conflits affectifs non réglés. Ainsi, tous ceux qui sont dévorés de haine avouent ne pas être parvenus à guérir de vieilles blessures, ne pas avoir digéré certains des traitements subis. Tous m'ont raconté qu'ils s'y accrochaient car les personnes qui leur avaient fait du mal n'en exprimaient aucun regret, n'en avaient jamais admis la responsabilité, voire la culpabilité. En les évoquant, ils me disaient : « Je ne peux pas leur pardonner car ils ne regrettent rien. Ils ne méritent pas mon pardon, d'ailleurs ils n'en veulent même pas. » Selon cette logique, il existe un grand nombre de personnes qui, manifestement, n'ont pas droit au pardon, qui négligent l'influence de leur conduite, qui se moquent de faire souffrir, d'abandonner, de briser le cœur.

La deuxième loi de la vie – « Nous créons notre propre expérience » – stipulait que choisir son comportement, c'est aussi en choisir les conséquences. Appliquez ce principe à la haine que vous nourrissez envers autrui, reconnaissez que vous êtes responsable de votre conduite et ajoutez-y l'enseignement de la sixième loi : « La réalité n'existe pas, seule compte la perception. » Ces deux lois s'accordent parfaitement pour déterminer votre vie affective : vous, et *vous seul*, définissez la nature de vos sentiments. Tandis que les autres vous apportent un élément extérieur, un événement ou une attitude, *vous seul* décidez de la réaction à adopter, de l'émotion à ressentir : si vous choisissez d'éprouver de la haine, vous choisissez de percevoir le monde à travers un filtre des plus sombres.

En fin de compte, et cela peut être très difficile à accepter, l'acte de pardonner à ceux qui vous ont blessé n'est pas destiné à *eux* mais bien à *vous*. Rappelez-vous l'histoire de Jennie, dans le chapitre III, qui, en pardonnant à son grand-père, sortit de sa prison. Car pardonner, c'est préserver son pouvoir sur ses propres émotions, c'est être libre de ressentir. Pardonner, c'est être capable d'affirmer : « Vous ne pouvez pas me faire du mal, donc vous ne pouvez pas avoir de prise sur moi, même en votre absence, en me glaçant le cœur, en modifiant ce que je suis, en détruisant ce qui a de la valeur pour moi. Je suis la seule et unique personne à décider. Vous ne pouvez choisir à ma place et je ne vous en donnerai pas le pouvoir. » Le plus important est de dire : « Je refuse de me laisser emprisonner par ce lien avec vous, ce lien par lequel vous devenez partie intégrante de mon être, de mon entendement, de mes sentiments et de mes actions. Je refuse de me laisser attacher par la haine, par la colère ou l'amertume. Je ne veux pas de ce lien qui se nourrit de peur. Je ne vous permettrai pas de m'entraîner dans ce gouffre. En vous pardonnant, ce n'est pas vous que je libère, c'est moi qui deviens libre. Vous devrez vivre avec vous-même tous les jours, vous devrez vivre avec la noirceur de votre âme. Mais moi, *je ne le ferai pas*, je ne veux pas le faire. »

Le cas de David

Les existences les plus tragiques que j'aie connues étaient celles qui avaient été submergées puis rongées de l'intérieur par la haine, par la colère et l'amertume. Derrière un mur fragile fait de souffrance et d'agressivité se cachaient des êtres bons et aimants. David Kelly était l'un d'entre eux. Fils aîné d'un père très sévère, il avait tout fait pour lui plaire mais rien n'était jamais assez bien pour lui : qu'il travaille dur, qu'il remplisse ses engagements, qu'il témoigne d'une grande efficacité, qu'il offre son aide dans toutes sortes de tâches, rien ne satisfaisait son père. Jamais.

Pas une fois, son père ne dit à David qu'il faisait du bon travail, qu'il était quelqu'un de bien ; à aucun moment, il ne lui dit son amour ; jamais il n'eut un geste vers lui – excepté pour le frapper, pour le repousser, pour le brutaliser. Quelles que fussent les circonstances et même quand il était tout petit, David n'avait pas le droit de pleurer : il n'allait pas devenir un geignard, quand même ! Il se souvenait qu'à l'âge de sept ans il s'était appuyé contre le pot d'échappement d'un tracteur et s'était brûlé gravement l'arrière du bras droit et l'épaule. Il avait dû être hospitalisé et subir une greffe de la peau. Il souffrait énormément, et son père lui avait ordonné d'arrêter de pleurer, se moquant de lui : il n'était plus un bébé, il n'était pas une fillette, il devrait avoir honte ! Quand David, à bout, s'était écroulé, à genoux et en sanglots, son père l'avait brutalement remis sur les pieds et frappé avec une corde.

David apprit à être stoïque. Il n'avait plus qu'un seul but dans la vie : prouver à son père qu'il était un homme, qu'il était fort, qu'il pouvait tout endurer. Il travaillait sans relâche, jusqu'à l'épuisement, prenant souvent de grands risques – destinés uniquement à impressionner son père. Un après-midi d'automne, peu de temps après le mariage de David, son père était aux champs. Quand le moteur de son tracteur cala, il s'arrêta pour en comprendre la raison et descendit. Soudain le tracteur embraya, mais l'homme était coincé dessous : il fut déchiqueté et mourut seul, en plein champ. David fut choqué, indigné : la mort de son père le frustrait à jamais, lui volait toute chance de faire un jour ses preuves. Sa haine, sa colère et son désarroi dépassaient l'entendement.

Lorsque David vint me voir, c'était pour répondre à la requête de sa femme. Elle s'inquiétait de la façon dont il

traitait leur fils, âgé de quatre ans, car elle s'était vite aper-
çue que son mari reproduisait l'attitude de son père : il
ordonnait au petit garçon de ne jamais pleurer, il lui
ordonnait de ne pas être un enfant. Quand David parvint
enfin à mettre des mots sur ses sentiments, il me parla de
la rage qu'il nourrissait à l'égard de ce père mort trop tôt,
qui l'avait empêché de faire ses preuves. « Ce père qui ne
lui avait jamais dit qu'il était un homme ni qu'il l'aimait »,
criait David dans des larmes de frustration et des tremblements de hargne. Il déclara que, pour ces raisons-là, il haï-
rait son père jusqu'à son dernier souffle. L'horreur de ce
qu'il ressentait laissait peu de place à l'invention, à la fan-
taisie, à la vie. J'avais devant moi un homme rongé par la
souffrance et bien décidé à se détruire.

David devait se libérer de ses sentiments, cela ne faisait
aucun doute. Car s'il ne pardonnait pas à son père, s'il ne
mettait pas un terme à cette relation établie sur la haine, il
allait en payer le prix toute sa vie, entraînant avec lui sa
femme et son petit garçon. Je lui dis tout ce que vous
venez de lire mais, dans son cas, il me fallait aller beaucoup plus loin. David devait agir pour se libérer définitivement de ce conflit affectif ; il se sentait pris au piège,
sans moyen de s'en sortir parce que la mort de son père lui
avait ôté toute chance de faire la paix avec lui-même.
Quand il réalisa que son père le retenait prisonnier, que ce
lien fait de haine et d'acrimonie dominait sa vie présente,
cela fut très stimulant : il lui était très pénible de penser
qu'il avait perdu tout pouvoir et que cet homme décédé
contrôlait sa vie. Il voulait retrouver la maîtrise, pour lui
et pour sa famille.

David comprit qu'il n'est pas nécessaire d'avoir l'assentiment ni l'aide de l'autre pour pardonner. Cet autre n'a
même pas besoin de le savoir, il n'a pas à regretter, il n'a
pas à reconnaître ses fautes. Car le pardon, c'est à vous que
vous l'accordez, non pas à lui. Ce qui aida aussi David, ce
fut d'apprendre que dans la gestion de notre existence

nous devons parfois nous accorder à nous-mêmes ce que nous souhaiterions obtenir d'autrui. Son père n'avait pas été capable de dire à son fils qu'il l'aimait, qu'il était un homme, un être digne d'une vie heureuse ; il en était incapable puisqu'il était mort. David pourrait attendre durant des années, pourrait enrager, rien n'y ferait. Je persuadai David de se donner à lui-même ce qu'il avait tant espéré recevoir de son père. Devant son miroir, il devait se dire les mots qu'il avait tant espéré entendre de son père : « Tu es quelqu'un de bien. Tu l'as toujours été. Tu mérites de vivre une existence saine et équilibrée. Et tu l'auras, parce que tu le vaux bien. Ce n'est pas parce que ton père n'a pas choisi de voir ces qualités qu'elles n'existent pas. Il ne les a pas vues parce qu'il en était incapable et non pas parce que tu en es dépourvu. »

Quand David accepta de se regarder en toute honnêteté et de s'accorder ce qu'il avait attendu de son père, il trouva la force et le courage de lui pardonner. Il savait que s'il était vraiment un homme, il devait surmonter l'insurmontable, il savait combien sa situation était pénible et peut-être commençait-il à deviner combien elle l'avait été pour son père. Il lui pardonna afin de ne pas vivre comme lui, afin de ne plus connaître cette souffrance-là. Quand David y parvint, il choisit sa propre façon d'être, il décida de se libérer de l'héritage parental. Durant l'une de nos dernières séances, il me regarda droit dans les yeux avant de dire : « Cela ne peut plus durer. Stop. Cela doit s'arrêter tout de suite, sinon mon fils paiera le même prix que moi. » En menant cette réflexion jusqu'au bout, puis en agissant, David brisa ses liens et obtint la liberté que seul le pardon pouvait lui donner.

EXERCICE N° 13

Il est temps pour vous d'essayer de repérer ces sentiments-là. Dans votre journal de bord, dressez la liste de toutes les personnes avec qui vous entretenez des liens de haine, de colère et d'amertume. En premier lieu, préoccupez-vous de vous-même et de ceux que vous aimez : brisez ces chaînes, dégagez-vous de cette véritable torture.

En adoptant cette approche, en redéfinissant le sens du mot « pardon », vous allez vous libérer de la souffrance causée par certaines personnes. Sinon, votre haine et votre colère emporteront tout avec elles et deviendront votre seconde nature : vous serez cynique, méfiant, insensible à ceux qui osent vous aimer… En autorisant ceux qui vous ont fait du mal à vous enfermer, *vous les laissez gagner*. Comprenez bien cela. S'ils réussissent à entretenir cette rage et cette rancœur en vous, *ils ont gagné*.

Faites-moi confiance quand j'affirme que votre seule issue réside dans le pardon. La seule façon de dépasser les aspects négatifs de ce type de relation est d'atteindre un niveau moral supérieur. Dites-vous que ce qu'ils vous font subir, ils l'ont eux-mêmes subi. Une dernière chose : le plus pénible est de conserver en soi la souffrance passée. Le plus souvent, ceux qui vous ont blessé ne sont plus là, et il n'est plus possible de régler vos comptes avec eux. Pour David, c'était son père mort depuis de longues années ; pour d'autres, c'est un ami qui a déménagé et qu'ils ne reverront plus. Allez-vous vraiment accepter de nourrir pour toujours cette haine, cette colère et cette amertume ? Vous avez la capacité de leur pardonner, non pas pour leur faire un cadeau mais simplement pour vous. Peu importent tous les efforts nécessaires pour vaincre cette souffrance, vous le valez bien. Mais, rappelez-vous, « nous créons notre propre expérience ». Alors, soyez décidé à créer ce que vous voulez, à vous débarrasser de ce que vous ne voulez plus. Et si la personne incriminée profite de votre pardon, eh bien, qu'il en soit ainsi. Car celle qui est à sauver, celle qui va se libérer, c'est vous. Le pouvoir qui réside dans le pardon est le pouvoir qui vous permettra de vous dégager de la haine, de la colère et de l'amertume. Utilisez-le.

CHAPITRE XI

Il faut savoir formuler avant de demander

« J'ai toujours voulu devenir quelqu'un.
Mais j'aurais dû être plus précis. »
Lily Tomlin et Jane Wagner

LOI Nº 10
IL FAUT SAVOIR FORMULER
AVANT DE DEMANDER

Votre stratégie : définissez avec précision ce que vous voulez, puis saisissez votre chance.

La façon la plus simple d'obtenir ce que vous voulez, c'est de passer commande : vous vous levez et vous dites bien fort ce que vous désirez – voilà ce que dicte le bon sens. Mais rien n'est plus éloigné de la réalité. Si, un jour, un génie sort de sa lampe en criant : « Faites un vœu ! », je suis convaincu que la plupart des gens bégaieront, balbutiant à peine, parce qu'ils ne sauront pas quoi demander.

Ne pas savoir avec précision ce que vous voulez n'est vraiment pas une bonne chose. Il vous faut donc prendre cette dixième loi à la lettre : si vous ne pouvez exprimer votre désir, si vous ne pouvez en donner tous les détails, alors vous serez incapable de demander quoi que ce soit. Prendre conscience de la nécessité de se concentrer sur ses désirs, apprendre à les formuler et à les décrire afin de les reconnaître et de les faire valoir : tel est l'objectif de ce chapitre.

Si vous avez déjà assimilé les neuf premières lois, c'est-à-dire si vous avez déjà engrangé les connaissances indispensables pour acquérir ce que vous souhaitez, l'étude de cette dernière loi vous semblera à la fois excitante et amusante. La possibilité de dire votre désir semble sans doute très importante à ce moment présent de votre vie, et s'il vous est difficile d'énoncer ce que vous souhaitez vraiment, sachez que vous n'êtes pas le seul ; la majeure partie des gens n'y parviennent pas car ils ignorent tout simplement ce qu'ils veulent. Songez à toutes ces situations où vous avez été bloqué du fait d'une toute petite décision à prendre : choisir un film pour la soirée, choisir un plat dans un restaurant ou choisir sa tenue chaque matin… si tout cela vous semble pénible, alors, comment repérer vos objectifs ? L'indécision est mère de l'inaction, et l'inaction conduit à des résultats non désirés, elle fait de votre vie une course sans but. Il y a pourtant une chose dont vous êtes sûr : c'est ce dont *vous ne voulez pas*. Car vous avez connu nombre d'expériences malheureuses ; vous êtes à même de les reconnaître et vous n'avez nulle envie de les revivre. Cela constitue un atout pour bien discerner ce que vous désirez maintenant.

Savoir ce que l'on veut

Ne pas savoir ce qu'on veut représente un problème majeur, et pour plusieurs raisons. Vous êtes dans un monde où vous ne pouvez espérer obtenir plus que ce que vous demandez. Cela est vrai à la fois pour vos principaux objectifs comme pour les souhaits de tous les jours. Un exemple : vous publiez une petite annonce afin de vendre votre voiture pour telle somme d'argent. D'après vous, quelles sont les chances qu'une personne lise cette annonce et vous appelle : « Votre voiture a l'air vraiment bien ! Vous n'en demandez pas assez ! Laissez-moi vous en proposer davantage ! » Cela vous semble ridicule, n'est-ce pas ? Oui, parce que *c'est* vraiment ridicule. De même, quand il s'agit de vos objectifs, vous n'obtiendrez jamais *plus* que ce que vous demandez. Après avoir identifié votre désir, après avoir tracé un itinéraire pour y accéder et y avoir suffisamment travaillé, vous parviendrez à vous en rapprocher. Mais si vous n'avez pas la moindre idée du début d'un désir, inutile de vous répéter que vous n'aurez rien à demander… Que cela provienne de vous-même ou de quelqu'un d'extérieur, vous devez être capable de le déterminer. Même si j'étais le maître de l'univers, je ne pourrais vous offrir ce que vous voulez – puisque vous ne le savez pas vous-même.

Sans doute vous est-il déjà arrivé d'être dans la même

pièce qu'un bébé qui souffre et qui pleure, et de vous sentir totalement impuissant : vous voulez l'aider, lui donner ce dont il a besoin mais il ne peut l'exprimer. Si vous ne savez pas ce que vous désirez, vous êtes comme ce nourrisson ; mais la différence, c'est que le monde n'est pas votre mère et qu'il ne déploiera aucun effort pour vous comprendre. Vous êtes condamné à passer votre existence à crier et à donner des coups de pied dans tous les sens. Et si vous êtes frustré de ne jamais gagner le gros lot, n'oubliez pas que ce gros lot se trouve peut-être là, juste sous votre nez, mais vous ne le voyez pas.

Une autre vérité difficile à entendre est celle-ci : il faut savoir déterminer la nature de son désir. Car se tromper sur ce qu'on veut est bien pire que ne rien savoir du tout. Dans les domaines professionnel et personnel, j'ai rencontré tant de personnes qui ont passé des années de leur vie à tenter d'obtenir une chose qu'elles croyaient désirer ardemment ; elles ont travaillé dur et si longtemps, elles ont fait tant de sacrifices ! Rien n'était plus triste que de les voir atteindre enfin leur but pour être… profondément déçues. Elles n'avaient pas ménagé leurs efforts mais elles s'étaient égarées, avaient suivi la mauvaise direction. Maintenant, elles étaient loin, très loin de ce qu'elles avaient imaginé.

Quand j'étais enfant, on me mit souvent en garde : « Sois prudent à propos de ce que tu implores parce que tu pourrais bien le recevoir. » Si ce que vous avez obtenu est exactement ce que vous avez formulé, faites très attention à cela. Loin de vous l'envie de vivre l'expérience que je viens d'évoquer : après avoir tant souffert pour obtenir ce qu'elles ne voulaient pas, ces personnes ont découvert que ce qui comptait le plus était là, à portée de main, et qu'elles l'avaient laissé filer en se fourvoyant. Et ce qu'elles désiraient vraiment était sans doute bien plus facile à atteindre. À négliger la dixième loi de la vie, telle est l'ironie du sort. C'est vous qui avez créé le problème de toutes pièces, convenez-en. Alors, ne vous laissez pas abuser par l'apparente simplicité de cette loi, car définir votre désir requiert toute votre attention.

Il faut également tenir compte d'un autre facteur : les chances d'obtenir ce qu'on veut sont limitées par le temps, elles possèdent une certaine espérance de vie et peuvent mourir. Par exemple : votre désir le plus cher est d'entretenir une relation vraie, intime, avec vos enfants ; vous souhaitez les connaître, les aider dans leur développement, les accompagner dans leur épanouissement. Mais vous avez pris cette décision trop tard, après avoir raté toutes les occasions qui s'étaient présentées : peut-être quelqu'un d'autre a-t-il rempli ce rôle ; longtemps déçus, vos enfants n'attendent peut-être plus rien de vous. Découvrir que vous avez manqué votre chance vous briserait le cœur. Voilà pourquoi il est urgent de mener cette réflexion, en toute prudence, en toute sérénité, puis d'établir un projet de vie et de préciser votre désir. Cette réflexion doit rester vigilante : l'une de mes plus grandes peurs est de rater le premier signal d'alarme qui retentit dès je m'éloigne de ce qui est important ; je fais de mon mieux pour rester attentif, pour ne pas me fourvoyer et me réveiller bien trop tard. Je garde toujours la première loi en mémoire – « Il y a ceux qui comprennent, et il y a les autres », voulant plutôt faire partie des premiers.

La nécessité d'être clair, explicite, déterminé, s'applique à l'ensemble de vos objectifs. Il vous faut tout savoir, rigoureusement tout, sur vos désirs afin de reconnaître le bon chemin, afin de définir le but et de choisir le moment propice pour l'atteindre. Cela signifie que vous serez capable de le décrire dans ses moindres détails, dans toutes ses nuances et selon différents points de vue. Si vous voulez réussir, sachez répondre aux questions suivantes :

- Quel est le but poursuivi ?
- Comment définir ce que vous désirez ?

- Qu'adviendra-t-il quand vous obtiendrez ce que vous voulez ?
- Quels seront alors vos sentiments ?
- Quel sera alors votre comportement ?
- Avec qui allez-vous tenter d'atteindre ce but ?
- Où allez-vous atteindre ce but ?
- En quoi votre existence en sera-t-elle transformée ?
- Quels sont les obstacles à surmonter ? Quels sont les domaines de votre vie à modifier ?

S'il vous est impossible de répondre à l'ensemble de ces questions, vous n'êtes pas prêt. L'une des erreurs les plus répandues est de proposer des solutions générales ou abstraites. Combien de fois avez-vous dit ou entendu : « Tout ce que je veux dans la vie, c'est être heureux » ? Cela semble sensé mais un tel objectif est voué à l'échec. Mon chien Barkley veut être heureux, lui aussi : cela signifie-t-il que vous voulez tous les deux la même chose ? que vous possédez tous les deux la même conception du bonheur ? Vous aussi, vous voulez qu'on vous gratte le ventre ?… Je ne crois pas. Alors soyez plus précis.

Prenons un exemple, envisageons le cas d'une personne entièrement concentrée sur les buts à atteindre et comparons-la avec une autre qui ignore ce qui lui manque ou ce dont elle a besoin. Définir votre désir équivaut à guider votre existence comme on conduit un bateau pour sortir du port. D'autre part, l'une des plus grandes frustrations est de ne jamais en finir avec ce qu'on ne veut pas : il est inutile d'ouvrir votre porte avec une douzaine de clés : si aucune ne marche, si ce n'est pas la vôtre. Détenir la clé, c'est savoir ce qu'on veut, en connaître la nature, les effets et l'expérience que cela représente. Les suggestions qui suivent vous seront, je l'espère, d'une grande utilité.

En premier lieu, soyez courageux et soyez réaliste. Admettez en toute honnêteté ce que vous désirez et ne soyez pas trop humble, visez suffisamment haut. Puis faites le point sur qui vous êtes et où vous en êtes. S'il est vrai que tout citoyen peut devenir président, cela n'est pas si simple et requiert de longues études et de nombreuses étapes préparatoires : en vous réveillant à cinquante ans passés, sans expérience politique ni formation, cela sera plus que difficile. Et si vous souhaitez participer aux Jeux Olympiques sans avoir la moindre condition physique, vos chances seront vraiment ténues. Il vaut mieux choisir un objectif plus adapté à votre personnalité. Ainsi, en vous préparant à définir votre désir, soyez assez courageux pour vous lancer dans un projet d'envergure, ne renoncez pas trop vite mais n'oubliez pas pour autant d'être réaliste.

En second lieu, faites attention de ne pas confondre la fin avec les moyens. Les gens se concentrent presque toujours sur l'objet ou sur l'événement mais omettent l'étape suivante, qui consiste à anticiper, donc à déterminer leurs sentiments une fois l'objet ou l'événement atteint. Par exemple, votre désir est : « Je veux une belle voiture et un emploi très rémunérateur. » Je me permets de vous faire remarquer que cette voiture et cet emploi ne constituent pas des fins en soi mais plutôt des moyens pour atteindre une fin. Allez plus loin et demandez-vous : « *Pourquoi* est-ce que je veux une belle voiture et un très bon salaire ? » Sans doute correspondent-ils pour vous à un sentiment de sécurité et à une image de marque, des valeurs importantes à vos yeux. Mais votre véritable but, ce n'est ni la voiture ni l'emploi, ce sont ces *sentiments* spécifiques que vous associez à l'obtention des deux éléments. Les voitures s'abîment, se cassent, se rouillent, et les emplois se perdent pour cause de restriction budgétaire ou de licenciement. Si vous croyez vraiment que c'est une voiture que vous voulez, alors allez chez le ferrailleur et dégotez le modèle que, cinq ans auparavant, vous rêviez tant de posséder ; si c'est là votre but, vous devez le revoir.

Cette distinction est fondamentale. Quand vous

parviendrez à discerner ce qui vous intéresse en profondeur – non pas l'objet mais les sentiments qui lui sont attachés –, votre objectif se déplacera tout naturellement vers l'essentiel. Ainsi, si votre désir est de ressentir de la fierté et de la sécurité, ne vous restreignez pas à la seule obtention d'une voiture et d'un emploi, peut-être existe-t-il dix autres façons bien plus efficaces d'y accéder ; dès lors, vos chances de réussite en seront accrues et bien meilleures, et vous éviterez de gaspiller du temps et de l'énergie, deux denrées fort précieuses.

Pendant des années, au cours de mes séminaires portant sur les stratégies de vie, j'ai rencontré des milliers de gens issus de diverses classes sociales ; j'occupais alors une place de choix pour observer l'extrême difficulté dont ils faisaient preuve pour préciser leurs désirs. Considérant cette condition comme le facteur essentiel de l'élaboration de toute stratégie gagnante, j'ai toujours inclus au sein de chaque séminaire un exercice visant à conduire les participants à travers une suite d'étapes. Ce qui suit est la transcription d'une conversation au cours d'un de ces exercices.

Âgée de quarante-quatre ans, mariée, Linda Williams vivait à Los Angeles. Elle avait signalé s'être inscrite au séminaire car elle sentait que son mariage, sa famille et son existence personnelle tendaient à se désagréger. Elle habitait près du centre-ville, dans un quartier défavorisé, et avait peur de la violence et des crimes en constante progression ; elle avait l'impression que ses trois fils ne suivaient plus le droit chemin. Elle ajouta que, même s'ils étaient encore dans la même maison, son mari et elle connaissaient depuis plusieurs années ce qu'elle appela un « divorce affectif ».

Phillip C. McGraw : « Eh bien, Linda, dites-moi ce que vous voulez, dites-le-moi avec votre cœur et non pas avec votre raison. Ne retenez rien, parlez tout simplement. »

Linda : « Je veux quitter Los Angeles, je veux quitter cette horrible ville avant qu'il arrive quelque chose de grave. J'ai peur et je ne veux plus habiter ici, jamais. »

P.C.M. : « Alors, que devrez-vous faire pour y parvenir ? »

Linda : « Je ne sais pas. Nous ne pouvons pas déménager. Roger et moi avons du travail et en ce moment nous bouclons difficilement les fins de mois. Nous ne pouvons pas déménager. Nous sommes prisonniers ici, je ne peux rien faire. D'ailleurs, ça ne changera rien d'en parler. Je… je ne veux pas faire cet exercice, je ne veux pas parler de ces choses-là parce que je ne peux pas les avoir. C'est une perte de temps. »

P.C.M. : « Comment vous sentiriez-vous si vous aviez ce que vous vouliez ? Comment vous sentiriez-vous si vous pouviez échapper à la peur, aux menaces que vous évoquez ? »

Linda : « Mon Dieu, je me sentirais tellement en sécurité, tellement heureuse, et j'aurais…, je ne sais pas…, de l'espoir. Je reprendrais espoir, pour moi et pour mes garçons. Avant, j'étais optimiste. J'étais certaine qu'ils grandiraient tranquillement et qu'ils se débrouilleraient. Maintenant, je ne sais même plus s'ils grandiront, tout simplement. Je ne peux plus inspirer profondément, je souffre de problèmes respiratoires chroniques. »

Cette réponse était le premier pas de Linda pour entrevoir ce qu'elle désirait réellement. J'avais interprété son désir de quitter Los Angeles comme une façon prudente, superficielle, de dire qu'elle voulait échapper à ses souffrances et à son angoisse. Je savais aussi qu'elle était en colère et incapable de respirer normalement. J'en conclus que son tourment devait lui être très pénible et qu'il me fallait l'écouter avec la plus grande attention pour déceler ses véritables sentiments. Quand elle avait dit : « Je me sentirais tellement en sécurité, tellement heureuse, et j'aurais de l'espoir », je savais qu'elle parlait enfin avec son cœur.

P.C.M. : « Donc, ce que vous voulez vraiment, c'est vous sentir en sécurité, c'est être heureuse et retrouver espoir dans votre avenir et dans celui de votre mari et de vos garçons. »

Linda [*se mettant à pleurer*] : « Oui, oui, c'est ça ! Je suis si fatiguée d'avoir peur, je suis si fatiguée d'être prisonnière. Je ne sais plus quoi faire, je ne sais plus vers qui me tourner. Ce que je sais, c'est que je laisse tomber ma famille. J'ai tellement honte de ne pouvoir améliorer la vie de ma famille. »

P.C.M. : « Que devriez-vous faire pour cela ? Que devriez-vous faire pour rendre leur vie plus facile, plus agréable ? Et que devriez-vous faire pour arrêter d'avoir honte en tant que mère ? pour ne plus vous sentir perdue et angoissée ? »

Linda : « Je n'en sais rien, je n'en sais vraiment rien. »

P.C.M. : « Et si vous le saviez, ça serait quoi ? »

Linda : « Je ne sais pas. Je crois que je devrais me rapprocher de mes garçons. Je devrais sentir qu'ils ont besoin de la même chose que moi. Nous ne sommes plus ensemble. Nous ne nous parlons plus, nous ne partageons plus rien, nous ne nous supportons même plus… Je suis si fatiguée d'être seule. Je devrais reconquérir mon mari, mon Roger. »

Cette femme aimait toujours son mari, cela s'entendait. Mais à cause de sa peur et de sa frustration, elle s'était sans doute repliée sur elle-même.

P.C.M. : « Comment vous sentiriez-vous si vous étiez de nouveau proche de vos garçons ? Comment vous sentiriez-vous si, comme vous le dites, vous arriviez à reconquérir votre mari, *votre* Roger ? »

Linda : « J'aurais moins honte. Je ne me sentirais pas une mère paresseuse, je n'aurais pas l'impression d'être une épouse incapable de rassembler sa famille et d'éduquer ses garçons. Je n'aurais pas honte d'être incapable d'être désirée par mon mari. Je voudrais tellement lui donner tout ce que j'ai. C'est un homme bon, et il a l'air si fatigué, si seul, mais je n'arrive pas l'aider. »

P.C.M. : « Ne me dites pas comment vous ne vous sentiriez pas, ne me dites pas que vous n'auriez pas honte. Dites-moi comment vous seriez si vous étiez capable de faire tout ça dans votre famille et dans votre mariage. »

Linda : « Je n'en sais rien. J'imagine… j'imagine que je me sentirais de nouveau fière de moi en tant que femme, je me sentirais moi-même, de nouveau. J'étais comme ça avant. Je faisais tout pour que notre famille soit chaleureuse et unie, comme ma mère l'avait fait. »

P.C.M. : « Ce que vous voulez vraiment, c'est donc vous sentir de nouveau fière de vous-même. Ce que vous voulez vraiment, c'est vous sentir accomplie dans votre rôle de femme, d'épouse et de mère. »

Linda : « Oui, oui, c'est ça, c'est exactement ce que je veux. C'est comme ça que je me sentais avant. Si je pouvais de nouveau être comme avant, nous pourrions régler tout le reste sans problème. Ensemble, nous pourrions faire face à Los Angeles. Mais je ne peux pas le faire toute seule. Je ne suis même plus celle que j'étais. Vous avez raison. Je veux être fière et me sentir moi-même, de nouveau. C'est ça que je veux. Je suis une bonne mère, je le suis vraiment, je mourrais pour mes garçons. Je ferais n'importe quoi pour Roger s'il me laissait le faire. »

P.C.M. : « Que devez-vous donc faire pour remettre tout ça en place dans votre famille ? »

Linda : « Je dois faire en sorte que ça marche. Je dois arrêter de me sentir désemparée et seule. Je dois rentrer à la maison, prendre la main de Roger et lui dire : "Nous n'allons plus vivre de cette manière. C'est fini." Je dois faire le nécessaire pour changer tout ça avant qu'il soit trop tard. Je dois m'asseoir à côté de mes garçons, prendre leur visage dans mes mains et leur dire : "Aidez-moi à vous aider." Au lieu de pleurer et de me lamenter toute la nuit, je dois absolument faire quelque chose. Oui, je dois vraiment faire quelque chose, et tout de suite. »

P.C.M. : « Et comment vous sentirez-vous après ? »

Linda : « Je me sentirai de nouveau fière de moi, épanouie, enfin moi-même. Parce que c'est mon rôle. Dieu m'a placée dans cette famille pour cela, et je ne l'ai pas fait. C'est ce que je veux, c'est ce que je veux, oui. Los Angeles n'a rien à voir avec mon problème. Mon problème, c'est moi et ma famille. Je dois arranger tout ça. »

Linda avait beaucoup de travail devant elle, elle revenait de loin mais elle était enfin parvenue à préciser ce qu'elle voulait. Maintenant elle parlait avec son cœur, je le savais. Elle connaissait ses désirs dans leurs moindres recoins, elle était prête à élaborer une stratégie de vie, elle était capable d'en évaluer toutes les éventualités, toutes les options en fonction de ses limites et de ses priorités, je le savais. Rien ne la ferait dévier de sa route car elle pouvait décrire précisément ce qu'elle cherchait.

EXERCICE N° 14

Étudiez bien les questions que j'ai posées à Linda car ce sont celles que vous devrez vous poser à vous-même. Vous avez sûrement remarqué que ces questions progressent par cycles. Posez-vous les mêmes questions et notez vos réponses. Si vous suivez ce modèle, vous arriverez à préciser ce que vous désirez. Voici les sept questions clés :

1. Que voulez-vous ?
2. Que devez-vous faire pour l'obtenir ?
3. Comment vous sentirez-vous quand vous l'aurez obtenu ?
4. Ce que vous voulez vraiment, c'est donc... [votre réponse à la question n° 3].

5. Que devez-vous faire pour l'obtenir ?
6. Comment vous sentirez-vous quand vous l'aurez obtenu ?
7. Ce que vous voulez vraiment, c'est donc... [votre réponse à la question n° 6].

Et le cycle recommence. Soyez honnête et sincère, par-dessus tout soyez précis. Comme Linda, si vous déployez les efforts nécessaires, vous serez tout à fait capable de déterminer clairement ce que vous voulez, et donc ensuite de le demander. Vos désirs peuvent être décrits de multiples façons, donnez le plus possible de détails. Vos désirs peuvent répondre à différents paramètres : comment seront-ils perçus par les autres ? Comment vous sentirez-vous après ? Quelles réactions, quels sentiments vont-ils provoquer chez les autres ? Quel comportement impliquent-ils ? En étant minutieux, en fournissant une présentation exhaustive, vous développerez une compréhension aiguë de tous vos objectifs ; et parce que vous les aurez définis au préalable, les choix que vous ferez tout au long de votre route seront des plus judicieux. Ayant établi un grand nombre de critères, vous reconnaîtrez plus aisément vos désirs quand ils seront là, tout près, à portée de main.

Apprendre à formuler ce que l'on veut

Abordons maintenant le second volet de la dixième loi de la vie : demander ce qu'on veut. Cette partie constitue un défi tout aussi important et une tâche tout aussi difficile que la détermination de son désir. Demander ce qu'on veut nécessite de la conviction et de l'engagement. Sans doute avez-vous déjà entendu ceci : « Les gens dociles peuvent bien hériter de la Terre, aucun d'entre eux ne se lèvera pour la revendiquer. » Quand le moment sera venu, soyez prêt à vous lever pour revendiquer ce que vous souhaitez et ce que vous méritez : « Arrêtez tous ! Mon heure est arrivée, c'est à mon tour et je demande ceci, *pour moi.* »

Nous vivons dans un monde fondé sur la rivalité, ouvrez les yeux. Nombreux sont ceux qui sont fin prêts, désireux et tout à fait capables de vous prendre ce qui vous revient de droit – votre propriété, votre lieu ou votre liberté de pensée. Pourquoi voulez-vous leur faciliter la tâche ? Pourquoi laisser librement pénétrer les voleurs ? Quand vous serez tout à fait déterminé, à ce moment et à ce moment-là seulement, vous aurez en vous assez de fermeté pour dire : « Mon heure est arrivée, c'est mon tour. » Peut-être faudra-t-il au préalable surmonter votre timidité, votre culpabilité, votre impression de ne jamais être à la hauteur ou tout autre sentiment de ce type. Vous valez mieux, vous pouvez donc obtenir davantage : demandez ce que vous désirez, ce que vous méritez, car personne ne le fera à votre place. Personne. Témoigner de cette volonté et de ce courage est un élément décisif pour appliquer la dixième loi, et peut-être est-ce un point particulièrement important parce qu'il n'a jamais été dans votre nature de réclamer. Si vous avez passé la majeure partie de votre temps à vous contenter de peu ou de choses dont vous n'aviez que faire, vous devrez exiger plus de vous-même, être lucide, résolu et prendre une décision de vie. Rappelez-vous, ces décisions engagent tout notre être et ne peuvent être remises en cause chaque matin.

Comme nous l'avons vu au chapitre VIII, être « gestionnaire de sa propre vie » signifie fournir des résultats dans un univers de concurrence, exiger de soi-même ce qu'on demanderait à un autre. Admettons que j'accepte de devenir ce gestionnaire : combien de temps resterais-je à votre service si, lancé dans la quête de vos objectifs, je commençais à douter de vous et de votre valeur ? Je vous dirais alors : « J'ai bien réfléchi à l'ensemble de vos désirs, je ne suis pas sûr que vous le méritiez. Je crois que, vraiment, ce n'est pas pour vous. C'est le genre de choses que les *autres* obtiennent. Pourquoi ne pas arrêter de vous agiter ainsi ? Pourquoi ne pas vous contenter, simplement, de ce que vous avez aujourd'hui ? Vous allez causer plus de tort que de bien, cela risque de gêner certaines personnes, et je crois que vous êtes assez égoïste. Tout le monde ne peut obtenir ce qu'il souhaite. Vous devriez vous calmer et surtout vous devriez vous estimer heureux que votre vie ne soit pas pire. » Si je vous disais cela, je serais licencié sur-le-champ et le problème serait réglé. Mais ce « gestionnaire », c'est vous, donc ce n'est pas si simple. Soyez le gestionnaire le plus efficace qu'on ait jamais vu, soyez dès aujourd'hui convaincu de ceci : vos désirs valent la peine d'être exaucés et, quand le moment viendra, vous revendiquerez le droit d'y accéder.

CHAPITRE XII

Une visite guidée de votre vie

« Faire face, toujours faire face,
voilà comment on y arrive. Alors faites face. »
Joseph Conrad

Mettre au point une stratégie

Admettez que vous n'avez jamais eu une si belle occasion d'effectuer de vrais changements. Dans cet ouvrage, je n'ai rien inventé, je n'ai rien embelli, je ne vous ai pas flatté, je n'ai jamais prétendu que le monde était merveilleux ni qu'il constituait une partie de plaisir ; je vous ai décrit les choses telles qu'elles sont, je vous ai montré le chemin. Maintenant, j'espère que vous êtes prêt à prendre votre existence en main.

Mettre au point une stratégie de vie est un apprentissage ; par la lecture des chapitres précédents, vous en possédez désormais les bases, vous avez une vue générale de votre situation, vous percevez les grandes lignes de votre gestion personnelle, vous apercevez la voie que vous souhaitez emprunter. Vous connaissez bien les dix lois qui déterminent tous les résultats visés. Se fondant sur l'ensemble de ces acquis, les chapitres XII et XIII vous apporteront tous les moyens d'élaborer votre propre stratégie. Il vous reste à prendre l'exacte mesure de votre existence actuelle comme de vos désirs.

La moitié d'un problème est résolue quand le problème a été défini, rappelez-vous. Il faut tout d'abord saisir la difficulté avant de s'y attaquer : ce principe s'applique également à la mise en place de votre propre stratégie de vie. La première étape consiste à établir un diagnostic. Pour atteindre sa pleine efficacité, il doit être précis – nous avons abordé cette question à propos de la dixième loi, dans le chapitre XI, nous ne reviendrons donc pas sur ce concept. Il est important de comprendre que le sens du mot « vie » peut être aussi flou que celui du terme « bonheur ». Dès lors, si vous dites : « Je veux être heureux dans la vie », cette phrase est tellement vague qu'elle n'a finalement plus aucune signification. Déterminez où vous en êtes et où vous voulez aller.

Ne vous restreignez pas à un seul aspect ; la vie est faite de plusieurs domaines, et souvenez-vous de la septième loi : « On gère sa vie, on ne la subit pas. » La réussite est une cible mouvante, que vous devez viser sans relâche. Le diagnostic le plus sûr et la meilleure gestion nécessitent un examen attentif des différents domaines de la vie. Voici les principaux :

- Domaine personnel.
- Domaine professionnel.
- Domaine relationnel.
- Domaine familial.
- Domaine spirituel.

Bien qu'ils s'interpénètrent constamment, chacun d'entre eux possède toutefois certaines caractéristiques qui lui sont propres et demande à être considéré à part. Le tableau suivant vous aidera à séparer les dossiers de votre vie afin de mieux les gérer ; il offre un aperçu des vingt-cinq ou trente domaines qui, ainsi regroupés, composent un portrait assez ressemblant de votre existence. Ils touchent à des problèmes qui nous concernent tous, et vous remarquerez que ce tableau renvoie à ce que vous aviez noté dans votre journal de bord, par exemple la liste des personnes à qui vous deviez dire vos sentiments (exercice n° 8, p. 126), le questionnaire à remplir dans le chapitre IX (exercice n° 12, p. 175) ou encore la liste des décisions de vie, établie dans le chapitre VIII (exercice n° 11, p. 160) – en parcourant ce tableau, souvenez-vous de cette liste car elle vous permettra de pointer les domaines qui nécessitent vraiment un changement.

Vos objectifs sont peut-être répartis dans l'ensemble des domaines ou n'en concernent que quelques-uns, peu importe. Étudiez-les tous, même si vous êtes sûr de vous, même si vous êtes satisfait, et demandez-vous : « Où en suis-je aujourd'hui ? Quels sont vraiment mes désirs ? » Vérifiez l'état de chaque domaine avant de passer au suivant.

Les domaines de la vie

Domaine personnel	Domaine relationnel	Domaine professionnel	Domaine familial	Domaine spirituel
– Estime de soi – Éducation – Argent – Santé – Voir la liste de vos décisions de vie (exercice n° 11, p. 160)	– Nouveaux amis – Nouvelles relations – Réconciliation avec des relations existantes – Voir votre liste de cinq à dix personnes (exercice n° 8, p. 126) – Voir la liste de vos décisions de vie (exercice n° 11, p. 160) – Voir le questionnaire (exercice n° 12, p. 175)	– Compétence – Travail – Objectifs – Promotions – Évolution de carrière – Voir la liste de vos décisions de vie (exercice n° 11, p. 160)	– Parents – Enfants – Frères et sœurs – Famille au sens large – Voir la liste de vos décisions de vie (exercice n° 11, p. 160)	– Relation avec une puissance supérieure – Cheminement spirituel – Étude personnelle et communion – Prière – Objectif de vie – Voir la liste de vos décisions de vie (exercice n° 11, p. 160)

Situez votre vie

Au moyen de ce tableau, vous entamez l'une des tâches les plus importantes : vous connaître vraiment et sans doute pour la première fois. Puis je vous présenterai un processus en sept étapes qui vous permettra d'évaluer l'état de chacun des domaines et d'imaginer ce que serait votre vie si vos objectifs étaient atteints. Je n'insisterai jamais assez sur le fait qu'il est capital d'appliquer *toutes* ces étapes à *tous* les domaines de votre vie et de procéder avec la plus grande concentration. Que vous ayez ou non suivi une thérapie, je suis sûr que personne n'a autant investi de temps, d'énergie et de réflexion pour vous accompagner dans cette « visite guidée », organisée comme jamais aucune ne le fut. Si vous y consacrez la disponibilité nécessaire, vous atteindrez un niveau de lucidité et de finesse qui changera votre vie de fond en comble, croyez-moi. Vous aurez acquis une connaissance de vous-même comme peu de gens en possèdent.

Pour l'heure, vous êtes hélas la personne que vous connaissez sans doute le moins bien. Hélas, parce que cette ignorance est dramatique, parce qu'elle signifie ne pas discerner ses propres besoins, ne pas voir ce qui est réellement important. Vous êtes la personne avec qui vous passez le plus de temps, pour qui vous investissez le plus : alors, ne sous-estimez pas cette connaissance. Peut-être n'avez-vous jamais adopté ce point de vue, peu importe ; vous êtes unique en ce monde, il n'en existe pas d'autre comme vous : vous êtes né, vous vivez, vous mourrez et il n'y aura jamais, au grand jamais, un autre vous-même. Laisser filer votre existence sans atteindre une intimité avec vous-même constitue une grave erreur ; vous l'acceptez car on ne vous a pas enseigné, au sein de notre société, à agir de cette manière – il en va tout autrement dans les civilisations d'Extrême-Orient par exemple, qui privilégient la méditation et l'éveil de la pensée. Puisque notre société n'est pas ainsi, donnez-vous les moyens et le temps d'accéder à cette connaissance.

Tous les gens portent un masque social, nous l'avons vu. C'est pourquoi la première condition pour optimiser votre démarche est d'être honnête avec vous-même et de chercher à découvrir la vérité – c'est-à-dire qui vous êtes *vraiment*. Ne vous trompez pas : seule l'intégrité de votre évaluation vous permettra d'arriver à bon port. Un tel processus s'appuie sur la première loi de la vie : « Il y a ceux qui comprennent, et il y a les autres. » L'objet de cette compréhension, c'est maintenant vous-même. Il n'existe aucun savoir supérieur au vôtre, vous représentez le dénominateur commun de toutes les situations, de toutes les circonstances, de tous les défis, de toutes les relations qui se produisent dans votre existence. Il est temps de cerner vos motivations et vos moyens. Une fois de plus, répondez en toute honnêteté, c'est l'une des choses les plus constructives que vous puissiez faire pour votre avenir :

- Quels sont les traits dominants de la conduite que j'adopte d'une situation à l'autre ?
- Est-ce que j'aborde une situation nouvelle en escomptant un résultat négatif ?
- Est-ce que j'aborde une situation nouvelle avec méfiance ?
- Est-ce que je juge et condamne les gens *a priori* ?
- Ma colère et mon amertume me rendent-elles négatif avec tous ceux que je rencontre ?
- Mon sentiment d'insécurité est-il si grand que je trouve toujours qu'on me traite mal ?
- Ma passivité, ma difficulté à revendiquer ma place sont-elles si grandes que je suscite des réactions de dédain ?
- Mon sentiment d'insécurité se cache-t-il derrière une façade pleine d'arrogance ?
- En voulant tellement réussir et en visant trop haut, est-ce que j'épuise les autres ?

- Est-ce que je passe la majeure partie de mon temps à me comparer aux autres ?
- La façon dont les autres me perçoivent m'angoisse-t-elle au point de m'empêcher de vivre certaines situations ?
- Ai-je gâché des relations importantes en nous condamnant, moi et les autres ?

Ne vous préoccupez pas de savoir comment vous pouvez changer – nous le verrons plus tard. Pour l'instant, dites-vous que vous allez apprendre à vous connaître – cela sera stimulant, même si vous n'apprécierez pas tout ce que vous allez découvrir… Quoi qu'il en soit, vous aurez acquis une longueur d'avance incroyable sur les autres. Et surtout, mettez toutes vos réflexions par écrit car les mots seront votre vrai miroir. Les écrire sera source d'objectivité et créera une distance entre votre pensée et vous. Munissez-vous de votre journal de bord, de votre stylo habituel et d'un stylo rouge. Allez-y !

Les questions seront simples mais fondamentales ; afin de ne rien oublier, prenez l'habitude de regarder régulièrement le tableau qui regroupe tous les domaines de votre vie. En abordant chaque question, appliquez-vous à « dire les choses comme elles sont ».

EXERCICE Nº 15

Si vous vous référez aux tableaux des pages 216 à 218, vous constaterez qu'ils se proposent d'évaluer un domaine de votre vie. Ils vous permettront de mesurer votre situation dans un domaine donné, puis vous pourrez comparer votre existence réelle, actuelle, à ce qu'elle pourrait être si elle était parfaite, idéale. Dans votre journal de bord, reprenez sur une double page ces deux tableaux et laissez assez de place pour vos réponses. Sur la page de gauche, la page « Idéal » (p. 216),

écrivez en haut à gauche « Domaine de la vie » puis, en dessous et en gras, « A. Comportement ». Laissez cinq lignes et
écrivez « B. Sentiments », et ainsi de suite jusqu'au quatrième
et dernier sous-titre – soit : A. Comportement, B. Sentiments, C. Aspects négatifs et D. Aspects positifs. Sur la page
de droite, reprenez la page « Réalité » (p. 217).

Sous le titre « Domaine de la vie », en haut à gauche de la
page « Idéal », inscrivez le nom du domaine sur lequel vous
voulez travailler. Remarquez que, en haut à gauche de la page
« Réalité », figure une évaluation qui va de 1 à 10. Comment
jugez-vous ce domaine de votre vie ? Si vous le trouvez parfait, vous lui donnerez 10 ; si, au contraire, c'est un vrai
désastre, vous lui donnerez 1 ; lui donner 5 signifie qu'il est
plutôt équilibré mais peu gratifiant. Soyez très honnête dans
cette évaluation car la note attribuée est très importante – à
la fois aujourd'hui et dans l'avenir.

Comparons maintenant la page « Idéal » avec la page « Réalité » de votre journal de bord. Cette comparaison est édifiante, vous montrant ce que pourrait être votre vie si vous
décidiez de l'améliorer.

• Considérez maintenant l'**étape n° 1** figurant, en haut
à gauche, sur la page « Idéal » de cet ouvrage (p. 216). Il
faut compléter certaines phrases.

Si ce domaine de ma vie valait 10 :

A. Mon comportement serait caractérisé par :
B. Mes sentiments seraient caractérisés par :
C. Les aspects négatifs qui disparaîtraient seraient :
D. Les aspects positifs qui apparaîtraient seraient :

Les réalités qui se cachent sous ces sentences attendent
des réponses très précises.

• Comparons cette première étape avec l'**étape n° 2**
située sur la page « Réalité » (p. 217). De nouveau, il
faut compléter certaines phrases clés, qui sont également
accompagnées de questions.

Puisque ce domaine de ma vie vaut aujourd'hui la note ___ :

A. Mon comportement réel est :
B. Mes sentiments réels sont :
C. Les aspects négatifs actuels sont :
D. Les aspects positifs, manquants mais nécessaires, sont :

Pour être sûr que vous ayez bien compris, prenons un exemple : dans le tableau de la page 208, j'ai choisi le premier domaine, l'estime de soi. En haut à gauche de la page « Idéal », sous le titre « Domaine de la vie », j'écrirai donc « Estime de soi ». Dans l'étape n° 1 et dans l'étape n° 2, je compléterai les phrases A à D et je répondrai aux questions qui leur sont associées afin d'évaluer cette estime.

Maintenant, dans le tableau de la page 208, déterminez quel est le domaine que vous souhaitez aborder en premier puis complétez les étapes n° 1 et n° 2.

• **Étape n° 3** : quand vous aurez rempli la double page de votre journal de bord à propos d'un domaine, relisez les réponses données à l'étape n° 2 (page « Réalité ») en accordant une attention particulière à celles où vous êtes critique envers vous-même, où vous émettez une opinion négative. Exemple : « Je suis quelqu'un d'ennuyeux » ou : « Je ne finis jamais ce que je commence. » Avec votre stylo rouge, entourez toutes ces critiques et ces convictions ; cela vous servira plus tard.

• **Étape n° 4** : vous êtes prêt à établir la liste des obstacles à surmonter pour passer de la « Réalité » à l'« Idéal ». Consignez tous les obstacles qui se dressent entre vous et votre désir. Pour ce faire, il est utile de jeter un œil aux exercices accomplis dans votre journal de bord :

• Liste des pensées négatives (exercice n° 5, p. 71).
• Liste des comportements négatifs (exercice n° 6, p. 97).

- Liste des gratifications négatives (exercice n° 6, p. 97).
- Réponses données au test de la routine (exercice n° 7, p. 120).

Notez aussi toutes les circonstances qui vous ont empêché d'avancer, par exemple :

- Le manque d'argent.
- Un conjoint qui mine votre confiance en vous.
- Vos arrangements.
- Le manque d'éducation.

Dressez la liste de tout ce qui vous gêne – que cela provienne de l'intérieur ou de l'extérieur.

- **Étape n° 5** : contrairement à l'étape n° 4, il faut maintenant considérer les « atouts » dont vous disposez pour passer de la « Réalité » à l'« Idéal ». Quels sont vos recours ? Sur quels éléments pouvez-vous vous appuyer ? Par exemple :
  - Une famille qui vous soutient.
  - Un bon travail.
  - L'intelligence.
  - Une résolution précise.
  - La souffrance provoquée par la situation actuelle.
  - Vous n'avez plus rien à perdre, vous en prenez conscience.

- **Étape n° 6** : l'échelle SUDS (*Subjective Units of Discomfort System*, « système des éléments subjectifs déterminant une souffrance », p. 218) est un outil souvent utilisé en psychologie, qui permet de définir le degré de souffrance associé à l'état actuel d'un domaine. Supposons que votre note concernant l'« Estime de soi » atteigne 6 sur 10. La question est : en dessous de quelle note commencez-vous à éprouver de la souffrance ? Quel est le degré de souffrance associé à l'écart entre l'estime réelle et l'estime idéale ? Exprimez-le sur une échelle allant de 0 (aucune souffrance) à 10 (la souffrance est insupportable). Notez ce chiffre.

• **Étape n° 7** : parmi les quatre catégories suivantes, choisissez celle qui reflète votre degré de priorité dans le changement d'un domaine. Notez-la.

1. *Absolue* : la nécessité et le désir de changer sont au plus haut. Votre état actuel engendre sans doute une grande souffrance ; cette dernière est si forte qu'elle vous laisse peu de temps et peu d'énergie pour penser à autre chose. Réaliser des modifications est donc crucial.

2. *Élevée* : cela occupe votre temps, vos sentiments et votre énergie sans atteindre le degré précédent. Cette préoccupation est plus importante que les différents problèmes que vous affrontez ; si elle ne constitue pas une grande source de souffrance, elle reste toutefois perturbatrice. Ce domaine requiert donc toute votre attention.

3. *Moyenne* : même si elle n'est pas dominante, cette préoccupation mérite qu'on s'y attarde. Mais d'autres domaines ont peut-être davantage besoin de votre énergie et de vos efforts.

4. *Faible* : vous pouvez très bien vivre avec ce type de préoccupation. Vous en êtes conscient, vous souhaitez effectuer des changements mais, pour l'heure, elle reste secondaire.

Il vous faut maintenant reprendre le tableau des domaines de la vie et les étudier l'un après l'autre. Pour chaque domaine exigeant des changements, créez une double page d'évaluation – comme vous l'avez déjà fait. Appliquez-vous, ne vous sentez pas obligé d'accomplir l'exercice en une seule fois ; d'ailleurs, je vous suggère de le répartir, si nécessaire, en plusieurs étapes. Fixez vous-même l'échéance de ce travail et réservez un moment particulier dans la journée pour vous y consacrer pleinement.

Domaine de la vie :   Idéal = 10

Étape n° 1 : si ce domaine de ma vie méritait la note 10 :

A. Mon comportement serait caractérisé par :
– Qu'est-ce que je voudrais faire ?
– Où le ferais-je ?
– Avec qui ?
– Comment les autres percevraient-ils mes actions et mon attitude ?
– Quels mots emploieraient-ils pour décrire la façon dont je vis ?

B. Mes sentiments seraient caractérisés par :
– Qu'est-ce que j'aimerais ressentir ?
– Quels seraient les messages que j'adresserais à moi-même ?
– Le matin, comment me sentirais-je en pensant à la journée qui commence ?
– Quand je ferais face à toutes sortes de difficultés, quels sont les signes qui m'indiqueraient que je suis au mieux ?

C. Les aspects négatifs qui disparaîtraient :
– Quels contrecoups n'aurais-je plus à supporter ?
– Quelles seraient les situations frustrantes, dangereuses, irritantes ou sources de douleur qui disparaîtraient, tout simplement ? Quelles seraient les routines qui n'auraient plus cours ?
– Parmi les réponses qui me viennent aujourd'hui des autres, lesquelles ne se reproduiraient plus ?
– Comment saurais-je que ces aspects négatifs ont disparu ? Comment mesurer cette disparition ?

D. Les aspects positifs qui apparaîtraient :
– Quelles seraient les réactions des autres qui me signaleraient que dans ce domaine j'ai atteint 10 ? Quels seraient les encouragements que je percevrais ?
– Quels seraient les progrès que je pourrais observer dans ma vie quotidienne ?
– Quels seraient les éléments familiers que je trouverais agréables ?
– Quelles seraient les améliorations physiques que je pourrais constater ? En quoi toucheraient-elles ma façon de me tenir, l'expression de mon visage, ma pression artérielle, ma respiration ? Comment indiqueraient-elles aux autres que je suis au mieux ?
– Sur quels atouts pourrais-je compter ?

Évaluation de la réalité = (1 à 10) __

Étape nº 2 : puisque ce domaine de ma vie mérite la note __ :

A. Mon comportement réel :
– Quelles sont les choses que je fais et que je regrette ensuite ?
– En quoi mes actions m'amènent-elles à la note indiquée en haut de cette page ? Quels en sont les détails spécifiques ? Comment savoir que je commets des erreurs ?
– Qu'est-ce que je dis aux autres pour cacher mes erreurs ? Quels sont les prétextes que j'invoque ? Excepté les prétextes oraux, quels sont les actes précis que j'utilise pour cacher ces erreurs ?
– Si ce sont des gens bien déterminés qui provoquent ce type de comportement, que font-ils donc pour le provoquer ? Et quand tel est le cas, quelle forme prend ma réponse ? Quelles en sont les étapes ?
– Y a-t-il des gens importants dans ma vie qui font ou qui disent quelque chose pour me faire comprendre que j'ai des problèmes dans ce domaine ?

B. Mes sentiments réels :
– Quelle est la réponse affective que j'apporte à ce domaine de ma vie ? Quand je pense à ce domaine, quelle est ma première réaction ?
– Quand je dois affronter des difficultés, quels sont les signaux qui me préviennent que ce sera pénible ?
– Qu'est-ce que je ressens quand survient une crise ?
– Quels sont les prétextes que j'invoque à propos de mes erreurs ? Comment fais-je pour les justifier à mes yeux, pour diminuer leur importance ?

C. Les aspects négatifs actuels :
– Quelles sont les manifestations physiques qui témoignent de mes problèmes ? Quelle est la nature de la souffrance endurée ?
– Quelles sont les réactions négatives que j'ai, presque toujours, l'impression de recevoir des autres ?
– Est-ce que j'ai le sentiment de porter un masque ? Quel est ce masque ? Est-ce un domaine où je ne suis presque jamais moi-même ?
– Quelles sont les raisons qui expliquent la note inscrite en haut de cette page ? Comment est-ce que je contribue aux problèmes que je rencontre ?
– Quels sont les obstacles qui m'empêchent d'avancer ?

D. Les aspects positifs, manquants mais nécessaires :
– Quelles sont les choses qui me manquent et qui, si je les avais, élèveraient la note de ce domaine ?
– Qu'ai-je besoin d'entendre et de ressentir que je n'entends pas et que je ne ressens pas en ce moment ?
– Qu'est-ce que les autres doivent arrêter de faire ou de dire ?
– Dans ce domaine de ma vie, quelle serait la nature de ma satisfaction et de mon épanouissement ?

Étape n° 3 : entourez en rouge toutes les critiques et toutes les convictions négatives nommées dans l'étape n° 2.

Étape n° 4 : faites la liste des obstacles à surmonter pour passer de la « Réalité » à l'« Idéal ».

Étape n° 5 : faites la liste des atouts qui vous aideront à passer de la « Réalité » à l'« Idéal ».

Étape n° 6 : évaluez les « éléments subjectifs déterminant une souffrance » (SUDS, voir page 208). Expliquez-les.

Étape n° 7 : ma motivation à changer ce domaine de ma vie est : (Qualifiez cette motivation : absolue, élevée, moyenne ou faible).

EXERCICE N° 16

Quand vous aurez achevé l'évaluation de tous les domaines de votre vie, regardez le résumé des priorités ci-dessous : sur quatre colonnes sont répartis les degrés de priorité : absolue, élevée, moyenne et faible. Supposons que vous considériez que cinq domaines doivent être placés dans la colonne « priorité absolue » : vous devrez les noter par ordre d'importance. De ces cinq domaines, quel est le plus crucial ? Il sera donc noté en première position, et ainsi de suite. À la fin de l'exercice, l'ensemble des domaines de votre vie figureront donc dans ce résumé.

Résumé de vos priorités

Absolue	Élevée	Moyenne	Faible

Profil des domaines de votre vie

Catégorie : « domaine personnel »

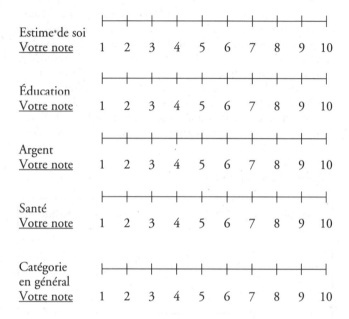

Estime de soi
Votre note
   1   2   3   4   5   6   7   8   9   10

Éducation
Votre note
   1   2   3   4   5   6   7   8   9   10

Argent
Votre note
   1   2   3   4   5   6   7   8   9   10

Santé
Votre note
   1   2   3   4   5   6   7   8   9   10

Catégorie
en général
Votre note
   1   2   3   4   5   6   7   8   9   10

Pour avoir une vue d'ensemble de votre travail, reproduisez cinq fois le « profil des domaines de votre vie » – un pour chaque catégorie – qui se trouve ci-dessus. Complétez ce « profil » après avoir rempli toutes les étapes de votre évaluation au sein de chaque domaine (tableau page 208). Vous remarquerez que ce tableau comporte une gradation allant de 1 à 10 pour chaque domaine dans la catégorie « Personnel ». Sur chaque échelle, indiquez le résultat de votre évaluation. Au bas du tableau se trouve une gradation moyenne représentant la note donnée à la catégorie en général ; inscrivez-y la moyenne des résultats. Ainsi, si vous avez entouré 4 sur l'échelle de l'« Estime de soi » et sur celle de l'« Argent », et si vous avez entouré 8 sur celles de l'« Éducation » et de la « Santé », additionnez 4 + 4 + 8 + 8 et divisez le total (24) par le nombre de résultats (4) pour obtenir la moyenne (6) de la catégorie « Personnel ».

Ce tableau résume donc toutes les notes attribuées dans les différents domaines et montre comment ces notes se combinent pour définir une note globale, représentant le niveau de changement nécessaire.

Maintenant, en haut d'une nouvelle page de votre journal de bord, inscrivez le titre « Critiques et convictions négatives ». Examinez de nouveau votre évaluation personnelle (page 208) et recopiez sur cette page les critiques et les convictions que vous aviez entourées au stylo rouge. Quand vous aurez terminé d'établir cette liste, vous posséderez une vue d'ensemble de ces positions, donc de ce qui vous empêche d'avancer.

L'étape finale consiste à examiner les priorités générales de votre existence actuelle, c'est-à-dire ce qui compte vraiment pour vous. Sans nul doute, ces priorités sont différentes des changements notés en « priorités » dans le tableau page 219. Ici, préoccupez-vous uniquement de ce qui vous tient à cœur : sur la ligne 1, écrivez la composante la plus importante de votre vie, et ainsi de suite jusqu'à la ligne 5. Je sais que le choix sera difficile ; efforcez-vous de le faire en toute honnêteté.

Vos priorités

1.

2.

3.

4.

5.

Nous n'avons pas complètement terminé cet exercice important. En utilisant l'espace ci-dessous, faites la liste, par ordre décroissant, du temps accordé à chacune de vos activités. Sur la première ligne, inscrivez l'activité à laquelle vous accordez le plus de temps, et ainsi de suite. Soyez précis et toujours honnête. Par exemple : il y a vingt-quatre heures dans une journée, si vous dormez huit heures, il vous reste seize heures à diviser entre vos diverses activités ; si ces seize heures comprennent dix heures de travail – le trajet aller-retour et le travail lui-même –, l'activité professionnelle est donc l'activité n° 1. Il vous reste six heures à répartir : si vous passez trois heures devant la télévision, etc. Prenez votre temps pour remplir ce tableau.

Profil de répartition de votre temps

Activité	Temps
1.	1.
2.	2.
3.	3.
4.	4.
5.	5.

Vous êtes passé par toutes les étapes de votre visite guidée. Considérez maintenant ce que vous avez accompli : vous avez mené à bien l'évaluation générale de votre existence en distinguant et en mesurant les différents domaines qu'elle comporte ; selon toute probabilité, ce que révèle votre journal de bord est l'évaluation la plus objective et la plus complète jamais réalisée. Et si vous êtes un peu perdu dans une telle profusion d'informations, les résumés et les profils vous fourniront une vue d'ensemble.

Alors, qu'allez-vous faire de toutes ces informations ? La première chose, c'est de les reprendre afin de repérer les grands thèmes de votre vie. Par exemple :

- Quelle est la distance séparant votre situation « réelle » de votre situation « idéale » ? Est-elle grande, moyenne ou infime ?
- Vos problèmes sont-ils centrés sur une, voire deux catégories, ou sont-ils répartis dans l'ensemble ?
- Quels sont les grands thèmes des critiques et des convictions négatives ? Existe-t-il une logique, une cohérence, dans ce que vous vous dites, quelles que soient les situations ?
- Doutez-vous de vous-même ? Ressentez-vous une aversion à l'égard de vous-même ?
- Quels sont les sentiments qui vous définissent ? La colère, la peur, la souffrance ou… ?
- Existe-t-il des choses qui drainent toute votre énergie physique, affective et spirituelle ?
- En examinant de nouveau la liste de vos priorités (page 219), établissez-vous un parallèle entre les notes attribuées aux différentes catégories ? Par exemple, est-ce que les éléments placés en « priorité absolue » concernent avant tout la compétence professionnelle ou sont-ils plutôt d'ordre personnel ?
- Vos priorités s'appliquent-elles aux autres ou sont-elles largement, voire entièrement, concentrées sur vous-même ?
- Qu'en est-il de l'élément « temps » ? Vos priorités absolues sont-elles réalisables à court terme ou à long terme ?

Répondez à ces questions comme à toutes celles qui vous viendront à l'esprit afin de mieux percevoir où vous en êtes aujourd'hui. Cette prise de conscience vous sera très utile dans la gestion de votre vie.

EXERCICE N° 17

Après avoir transféré les résultats de votre évaluation dans les différents tableaux et après avoir tenté de repérer les grands thèmes, vous êtes prêt à aborder la dernière partie de votre diagnostic. Dans tout, il y a du bon et il y a du mauvais : le bon consiste dans l'évaluation effectuée étape par étape, le mauvais réside dans ce fractionnement en plusieurs catégories, qui peut vous avoir fait perdre la saveur des choses – c'est comme de consommer les ingrédients d'un gâteau plutôt que de le savourer entier… Si vous avez pu aisément évaluer et comprendre votre vie ainsi subdivisée, il faut maintenant en conserver la texture.

La dernière étape, et non des moindres, consiste à rédiger le profil de la personne que vous souhaiteriez être. Sans vous embarrasser de détails, de pourquoi et de comment, il est important d'entretenir une grande familiarité avec la vie désirée et avec les sentiments qui lui sont associés. Ce profil, c'est votre bonne étoile, il vous montrera le chemin. Établissez-le comme si vous écriviez le rôle principal d'une pièce de théâtre. Le drame en trois actes, c'est votre vie, et vous en êtes la vedette. Donnez au comédien tous les éléments nécessaires pour bien saisir le ton, l'atmosphère, l'attitude et la personnalité du héros ; décrivez ses pensées, sa manière de se comporter. Allez à l'essentiel.

Cet exercice requiert de l'imagination et une certaine liberté d'esprit car il faut oser imaginer ses sentiments une fois les objectifs atteints. Par exemple, si vous rêvez de gagner un marathon, décrivez avec précision ce que vous ressentirez en franchissant le premier la ligne d'arrivée, en entendant les acclamations de la foule… Ainsi, vous pourrez déterminer puis utiliser ces sentiments à la manière d'un guide. Il s'agit là de l'une des rares occasions où imaginer et visualiser son existence s'avère très constructif ; profitez-en pour acquérir une connaissance intime de vos désirs.

« Comment sera ma vie future ? »

Il y a quelques années de cela, une femme avec qui j'avais déjà beaucoup travaillé réalisa cet exercice d'une façon prodigieuse ; elle m'a autorisé à en citer des extraits dans mon ouvrage. L'exemple de Carol n'est pas là pour vous influencer sur le contenu de votre profil, il pose avant tout des questions intéressantes qui, sans doute, vous seront utiles. Lisez-le en gardant cela en mémoire, puis faites-vous plaisir en vous donnant le premier rôle dans votre vie. Voici l'histoire de Carol – par commodité, elle a écrit à la troisième personne, comme s'il s'agissait de quelqu'un d'autre.

« Carol a trente-huit ans mais elle paraît plus jeune car elle est toujours souriante et ses yeux brillent. Elle semble optimiste, enthousiasmée par ce qui se passe dans sa vie. Elle prend soin d'elle-même sur les plans psychique, affectif et physique en portant une attention quotidienne à tous ces domaines. Elle n'a pas accumulé de souffrance, de colère ni d'amertume mais elle affronte les différents problèmes qui surviennent. Elle fait de l'exercice de façon régulière, avec plaisir et sans excès.

Carol se lève une demi-heure avant le reste de sa famille afin de se consacrer du temps. Elle prie quelques minutes, lit des passages de la Bible puis organise son emploi du temps. Carol réveille son mari et ses deux enfants en les embrassant chaque matin, qu'ils le veuillent ou non. Elle commence sa journée avec une joie de vivre qui fait du bien à tout le monde. Carol salue les gens qu'elle croise à son travail ; elle est détendue et tout à fait à l'aise avec ceux qu'elle rencontre. Elle essaie d'avoir des relations privilégiées avec certains, sans forcer les choses, et n'est pas vexée si l'on n'y répond pas plus que cela. Elle n'a pas besoin d'être le centre du monde mais ne se fond pas pour autant dans la masse ; elle a confiance en elle, est bien dans sa peau, donc bien avec les autres.

Carol s'est libérée de ses liens avec le passé, s'est libérée de la colère, de la haine et du ressentiment qu'elle avait gardés en elle durant des années. Même si elle n'a pas fait la paix avec toutes les personnes qui ont pu la blesser, sa porte reste ouverte et ces personnes le savent : si elles se décidaient à venir, Carol les accueillerait, se montrerait généreuse et juste ; si elles décidaient du contraire, Carol resterait sereine car elle sait que ce n'est pas elle qui maintient une telle barrière.

Bien qu'elle s'occupe avant tout de sa famille, Carol a de nombreux amis, exerce diverses activités, et conserve également une vie bien à elle. Comme pour tous les domaines de son existence, Carol a trouvé un juste équilibre entre sa famille, ses amis, ses devoirs et ses temps libres. »

Ces extraits proviennent du profil général réalisé par Carol et représentent un tiers environ de ce qu'elle a écrit. En plus de ceux cités dans le texte, les sujets abordés sont :

- L'estime de soi.
- La culpabilité.
- La motivation.
- La tenue du budget.
- L'humour.
- L'assurance.
- La tolérance.
- Les jugements excessifs.
- L'engagement.
- L'autodiscipline.

Je le répète, servez-vous de ce témoignage comme d'un guide dans la description de votre propre vie « idéale ». C'est une partie importante de l'élaboration de votre stratégie. Attachez-y beaucoup d'importance.

Se prendre en charge

Vous voici prêt à insuffler, étape par étape, des changements notables dans votre vie. Conscient, informé, possédant une connaissance sur vous-même grâce à l'apprentissage des dix lois de la vie, vous occupez désormais une position de force. Si vous avez effectué l'ensemble des exercices, sans doute vous sentez-vous plus organisé, plus concentré sur les points à modifier en urgence. Et même si vous n'aimez pas tout ce que vous avez découvert à votre sujet, au moins vous vous connaissez. Il est réconfortant de voir que la quatrième loi de la vie – « On ne peut changer ce qu'on ne s'avoue pas » – a un principe contraire : « On peut changer ce qu'on s'avoue. »

Rêves contre objectifs

Abordons maintenant la question des objectifs. En premier lieu, vous devez comprendre la différence qui existe entre vos rêves et vos objectifs, ce n'est qu'ensuite que nous pourrons transformer vos rêves en objectifs. Nous rêvons ou nous avons tous rêvé de ce que serait notre vie. Les rêves peuvent être bénéfiques, ils nous inspirent, nous invitent à aller de l'avant plutôt que de rester emprisonnés par notre passé ; ils constituent un processus psychique et affectif qui n'est limité que par l'imagination ; ils requièrent peu d'énergie et aucune action ; ils ne sont pas bornés par le réel. Certaines personnes vont jusqu'à s'inventer une vie extraordinaire, faite d'instants excitants, audacieux voire exotiques.

Le rêve représente beaucoup mais il n'est pas tout : il n'est pas le monde où vous vivez au jour le jour, il ne produit aucun résultat tangible – excepté une évasion de très courte durée. Mais le rêve vous distrait, vous soulage d'une pression qui aurait été bien utile pour changer votre vie actuelle. Rêver, c'est facile, transformer ses rêves en réalité l'est beaucoup moins. Comprenez-moi : rêver à ce que pourrait être votre existence puis élaborer une construction fictive, animée et détaillée, représente souvent le premier pas vers une modification positive ; mais si vous souhaitez seulement rêver, il vous faut un esprit créatif, un point c'est tout. Car si vous désirez passer à la réalité, vous aurez besoin de plus – d'énergie, d'une stratégie, d'une détermination, d'un savoir-faire, de connaissances adaptées. Je regroupe ces éléments en une « organisation d'une stratégie de vie ». Il est temps maintenant d'apprendre à transformer vos rêves en objectifs, parce que ce sont ces objectifs et non les rêves qu'il vous faudra poursuivre et atteindre. Abordons maintenant les sept étapes clés.

Chapitre XIII

Votre stratégie en sept étapes

« Ceux qui plient bien un parachute,
ce sont ceux qui sautent. »

Étape nº 1 : exprimez votre objectif par un événement ou un comportement précis

Contrairement aux rêves qui atténuent ou gomment certains détails, les objectifs ne font place à aucune ambiguïté et sont très clairs ; pour être accessibles, ils doivent être définis par les événements ou les comportements qui les incarnent. Tandis que le désir de voyager, dans le langage des rêves, peut s'exprimer par cette simple phrase : « Je veux voir le monde », il vous faudra, dans le langage réel, décrire toutes les opérations expliquant ce que signifie « voir le monde ». L'énoncé de votre désir pourrait être : « J'ai l'intention de voyager dans un pays différent tous les ans et pendant cinq ans. » Après en avoir énuméré toutes les étapes, ce désir pourra être satisfait – à l'encontre d'un vague rêve d'évasion.

Conclusion : pour que votre rêve se transforme en un objectif, précisez ses modalités. Décidez de ce que vous voulez faire, décrivez vos objectifs dans leurs moindres détails et répondez à ces questions :

- Quelles sont les conduites ou les actions qui constituent votre objectif ? Qu'allez-vous faire, ou ne pas faire, quand vous aurez atteint cet objectif ?
- Après avoir atteint votre objectif, comment le reconnaîtrez-vous ?
- Après avoir atteint votre objectif, que ressentirez-vous ?

Vos réponses seront les balises qui vous guideront sur votre route. Rappelez-vous : « être heureux » ne constitue pas un objectif clair car ce n'est ni un événement ni un comportement. Évitez le flou et l'ambigu. Si vous désirez vraiment être heureux, alors *déterminez* ce que cela représente pour vous.

Étape n° 2 : exprimez votre objectif en termes mesurables

Contrairement aux rêves, les objectifs doivent être exprimés par des résultats mesurables, observables et quantifiables. Avant d'atteindre votre objectif, il vous faut pouvoir mesurer vos progrès et déterminer à chaque instant où vous en êtes. Dans le monde onirique, vous pourriez déclarer : « Je veux une vie merveilleuse et gratifiante. » Dans le monde réel, vous définissez ce qui est merveilleux et gratifiant avec toute la précision évoquée dans l'étape n° 1, vous utilisez des notions mesurables. Répondez à ces questions :

- Pour que votre vie soit merveilleuse, où vivrez-vous ?
- Pour qu'elle soit merveilleuse, avec qui la passerez-vous ?
- Quels seront vos revenus ?
- Quel sera votre travail, votre activité ?
- Quel sera votre comportement ?
- Combien de temps accorderez-vous à certaines activités ?

Je pourrais citer de nombreux autres exemples mais je pense que vous avez parfaitement compris.

Conclusion : exprimez vos objectifs par des résultats mesurables et testez-les en vous posant des questions telles que celles énoncées ci-dessus.

Étape n° 3 : fixez-vous une échéance

Contrairement aux rêves qui restent vagues quant à la définition *et* quant au temps, les objectifs exigent un calendrier et une échéance. Dans le monde onirique, vous pourriez dire : « Un jour, je serai riche. » Dans le monde réel, vous dites : « Je veux atteindre tel salaire avant telle date. » En élaborant un programme précis, vous vous imposez un projet : la date limite génère une situation d'urgence qui constitue parfois une forte motivation. Pour contrer l'inertie et la procrastination – la tendance à tout remettre au lendemain –, les objectifs doivent être inscrits dans le temps.

Quelle que soit cette limite, choisissez une échéance réaliste, que vous pourrez donc tenir : si l'objectif pris en janvier consiste à perdre trente kilos en cinq mois, votre date limite sera la fin du mois de mai. En examinant régulièrement votre calendrier, vous saurez où vous en êtes – où vous devriez en être – après cinq jours de régime, cinq semaines, deux mois et ainsi de suite. De plus, cela vous permet à tout moment d'intensifier votre travail.

Conclusion : vous atteindrez votre objectif à la seule condition de fixer et de respecter un calendrier. Déterminez votre objectif, décidez d'un délai et tenez-le.

Étape nº 4 : choisissez un objectif réalisable

Contrairement aux rêves qui permettent d'imaginer toutes sortes d'événements, les objectifs doivent concerner des domaines de votre vie que vous pouvez maîtriser, sur lesquels vous avez prise. Tandis que vous rêvez « de passer un très beau Noël sous la neige », le souhait réaliste est : « Cette année, je vais créer une atmosphère de Noël comme autrefois pour ma famille. » Car vous ne contrôlez pas la météo. En revanche, vous pouvez intervenir dans des domaines tels que la décoration, la musique ou le repas de fête.

Conclusion : en déterminant votre objectif, recherchez ce qui est en votre pouvoir, non ce qui est hors de tout contrôle.

Étape nº 5 : élaborez une stratégie qui vous permettra d'atteindre votre objectif

Contrairement aux rêves où la réalisation relève de l'espérance, atteindre son objectif nécessite une stratégie précise. Élaborer une stratégie qui vous permet de partir du point A pour arriver au point B détermine les résultats obtenus. Il vous faut être réaliste, jauger les obstacles et évaluer vos atouts, puis mettre au point une stratégie afin de bien manœuvrer dans le monde réel.

L'un des principaux avantages d'une solide stratégie est de vous libérer du pouvoir de la volonté. Souvenez-vous, ce pouvoir n'est qu'un leurre auquel on ne peut se fier : quand il est au plus haut, il peut vous aider dans vos efforts mais quand il faiblit, tout s'arrête. Vous avez vécu assez de faux départs dans la vie pour savoir qu'il existe des moments où vous n'êtes pas motivé, où vous n'avez plus d'énergie ; la seule façon d'aller de l'avant dans ces périodes de fatigue, c'est de posséder une stratégie éprouvée qui soutiendra vos efforts sur le long terme – avec un environnement bien programmé, un calendrier établi et votre responsabilité engagée. Un exemple : votre objectif est de faire de l'exercice physique de façon régulière. Dans un premier temps, l'entraînement s'avère facile car vous êtes enthousiaste. Mais que se passera-t-il quand vous n'en aurez plus le courage ? Un petit matin froid de février, vous préférerez rester couché plutôt que de faire de l'exercice. La volonté a disparu mais le besoin est toujours là. C'est en définissant un emploi du temps, en rendant difficile voire impossible toute entorse à votre programme que vous atteindrez votre objectif.

La plus simple des résolutions peut s'avérer efficace. Ainsi, j'ai toujours faim quand je rentre chez moi en fin de journée. Autrefois, j'entrais par une porte qui menait directement à la cuisine et je me répétais que je ne grignoterais pas avant le repas ; parfois ma volonté me retenait, parfois elle était trop faible. En parcourant la pièce des yeux, je me suis rendu compte que les tentations étaient innombrables – ici des biscuits sur un plateau, là un gâteau au chocolat… Alors, afin d'atteindre mes objectifs, j'ai décidé tout simplement ne plus entrer par la cuisine et je suis parvenu à surmonter cette manie. Croyez-moi : appliquer cette méthode est bien plus efficace que s'en remettre à un sentiment aussi fluctuant que la volonté.

Si je peux procéder de la même façon avec un être humain, je serai capable d'influencer et de maîtriser sa conduite. Prenons l'exemple du tabagisme : je peux aider des personnes à s'arrêter de fumer si je suis capable de contrôler leur environnement ; tout ce que j'ai à faire, c'est de les placer dans un milieu sans tabac, et la difficulté sera résolue. Hélas, il fau-drait sans doute les envoyer en Antarctique… Mais toutes les démarches entreprises en ce sens augmenteront leurs chances de succès.

Prenons un autre exemple : vous voulez lire et étudier un ouvrage de cinq cents pages dans un délai d'un mois. Notez tout d'abord les raisons qui rendent cet objectif réa-lisable : il est précis, mesurable et limité dans le temps. Déterminer le nombre de pages à lire par jour est un pur problème arithmétique. Le *vrai* défi sera d'élaborer un plan qui vous permettra d'atteindre votre but, et cela sera soumis à plusieurs conditions :

- Déterminer le temps nécessaire chaque jour pour lire un nombre de pages donné.
- Déterminer le moment de la journée où vous lirez. Établir un calendrier est ici important car la seule volonté ne suffira pas.
- Déterminer le lieu, la pièce où vous pourrez lire sans être dérangé ni distrait, où vous serez sûr de vous trouver au moment convenu, même après une journée très chargée.

Cette détermination est fondamentale car la vie est remplie d'occasions et de tentations absolument contraires à votre objectif. Sans programme établi, il vous sera beau-coup plus difficile de rester sur la bonne voie. Considérez la lutte incessante que livrent les alcooliques et les fumeurs pour vaincre leur dépendance : vous ne conseillerez jamais à un alcoolique qui tente de rester sobre d'aller travailler comme serveur ou de fréquenter son ancien bistrot ; au contraire, vous lui indiquerez un environnement totalement nouveau où il ne risque pas de rencontrer ses anciens amis – de vrais piliers de bar –, vous lui recommanderez de choisir des activités incompatibles avec la boisson – courir au bord d'un lac et prendre l'air. De la même manière, il vous est possible de modifier votre milieu afin d'atteindre vos objectifs, et cela est essentiel. Si vous êtes un fumeur qui souhaite réellement arrêter, il est impératif de changer votre cadre de vie, de revoir vos habitudes. Il ne serait pas inutile de faire ce qui suit :

- Éliminez de votre maison tout ce qui a trait au tabac.
- Ne laissez pas traîner de la monnaie vous permettant d'acheter du tabac.
- Demandez à vos collègues et amis de ne jamais vous proposer de cigarette – même quand vous les supplierez de le faire.
- Organisez des activités pendant les moments où votre envie de fumer est la plus grande : par exemple en vous levant le matin, après un repas ou en buvant de l'alcool.

Conclusion : faites un plan, mettez-le à exécution et vous atteindrez votre objectif. Fiez-vous à votre stratégie, à votre programme, à l'organisation de votre emploi du temps mais ne vous fiez pas à votre volonté. Arrangez votre environnement de telle sorte qu'il vous pousse aux résultats désirés. Repérez les endroits et les circonstances qui vous conduisent à l'échec, aménagez-les différemment pour qu'ils ne s'opposent plus à vos désirs.

Étape n° 6 : divisez votre objectif en plusieurs étapes

Contrairement aux rêves dont la réalisation aura lieu « un jour… », les objectifs doivent être minutieusement divisés en différentes étapes. Dans le monde onirique, vous vous dites : « D'ici à cet été, je ne porterai plus de vêtements de taille 44 mais de taille 40. » Dans la réalité : « Pendant cinq mois, je vais suivre un régime pour perdre un kilo et demi par semaine. » Dans une vie, les changements majeurs ne s'effectuent pas du jour au lendemain mais étape par étape. Si vous envisagez l'objectif dans son ensemble, perdre trente kilos peut sembler tellement difficile que cela vous paralysera ; divisé en semaines, il vous apparaîtra moins effrayant et plus réalisable.

Conclusion : votre progression sera constante et réelle si vous fractionnez votre objectif en plusieurs parties. Définissez toutes les étapes avant d'entreprendre votre tâche.

Étape n° 7 : soyez responsable de votre progression

Contrairement aux rêves qui peuvent être poursuivis à volonté, les objectifs sont constitués de telle sorte que vous êtes responsable des étapes et des résultats. Dans le monde onirique, votre enfant n'aura que de bonnes notes sur son carnet trimestriel. Dans la réalité, il est responsable à tout moment – allez voir son professeur, regardez ses exercices et ses devoirs. Devant répondre de ses efforts toutes les semaines, cet enfant est désormais motivé. Dépourvus de toute responsabilité, les gens se trompent eux-mêmes, ne parviennent pas à reconnaître à temps leurs erreurs ou leurs lacunes, n'arrivent donc pas à réajuster leur comportement. Au sein de votre famille ou dans votre cercle d'amis, trouvez une personne qui sera votre « garant », envers qui vous vous engagerez. Nous sommes toujours plus efficaces quand quelqu'un nous accompagne dans nos efforts.

Conclusion : investissez de la responsabilité dans vos actions comme dans vos défaillances. Il y a des jours où vous serez motivé, et d'autres non, mais si vous savez exactement ce que vous voulez, quand vous le voulez, si vous avez fixé et respecté les conditions, la date et le calendrier, et si votre travail a de vraies répercussions, alors vous serez beaucoup plus enclin à poursuivre votre progression. Élaborez un système de responsabilité qui encadrera votre entreprise.

Atteindre vos objectifs nécessite donc, au préalable, d'avoir assimilé et appliqué les sept étapes de votre stratégie.

CHAPITRE XIV

Trouvez votre formule

*« Avoir des possibilités signifie tout simplement
que vous n'êtes pas encore passé à l'action. »*
Darrell Royal, entraîneur de l'équipe de football
à l'université de Dallas

Trois événements majeurs sont survenus : vous êtes allé à la rencontre de vous-même sans concession ni mensonge et sans doute pour la première fois de votre vie, vous avez appris comment marche vraiment le monde grâce aux dix lois que vous appliquez désormais, vous avez acquis des informations essentielles sur la façon d'atteindre vos objectifs, c'est-à-dire sur l'essence même de votre stratégie. Je suis prêt à parier que vous ressentez aujourd'hui une réelle anxiété, une certaine frayeur : ce sentiment est normal, il est compréhensible parce que si vous avez réalisé tous les exercices proposés dans cet ouvrage, les fondements de votre existence ont pu être sérieusement ébranlés ; en ce moment, vous doutez de la quasi-totalité des domaines de votre vie et vous avez l'impression de gaspiller votre temps ; peut-être êtes-vous en colère contre vous-même à cause de décisions prises dans le passé, à cause de vos actions voire de vos défaillances.

S'il est constructif, ce sentiment vous force néanmoins à produire une quantité immense de travail et de volonté pour défaire et refaire une grande partie de votre vie, car il n'y a plus de place ni pour l'habitude, ni pour le confort, ni pour la rigidité. Les éliminer peut être ressenti comme menaçant, inquiétant ; pourtant, il est impossible de continuer ainsi – vous le savez très bien. Vous en êtes arrivé à un point où il faut user de souplesse, où il faut tenter et risquer tout ce que vous aviez jusqu'alors abordé avec une grande résistance. D'autre part, vous ressentez peut-être aussi une grande excitation. Car la chance qui se présente est unique et doit être saisie : changez votre vie, reprenez-la en main pour être enfin qui vous désirez être et réaliser enfin ce que vous désirez réaliser.

En lisant cet ouvrage, vous avez fait un long voyage, vous avez fourni beaucoup d'efforts, vous êtes parvenu à vous connaître vraiment. J'espère aussi que vous avez appris quelques vérités essentielles à propos de votre existence ; vous savez désormais que les dix lois qui la gouvernent peuvent composer votre stratégie et vous aider à devenir un gagnant. De même, vous êtes vite arrivé à la conclusion que si vous transgressez ces lois, vous ne vous en sortirez pas. À travers les différents tests et questionnaires et en organisant la visite guidée de votre vie, vous avez mis en perspective tous vos points faibles.

En travaillant en toute honnêteté, vous avez abordé des questions difficiles et vous souhaitez approfondir cette connaissance de vous-même, vous accepter avec vos déficiences. Vous êtes tout sauf parfait, vous le savez, mais il serait désastreux de ne rien faire pour améliorer les choses ; vous avez établi la liste des priorités et cerné les problèmes majeurs à résoudre ; afin de ne pas perdre de temps dans une suite infinie d'essais et d'échecs, vous avez appris les étapes nécessaires pour accéder à des changements authentiques. Vous êtes prêt à élaborer une solide stratégie, en envisageant un objectif à la fois. En utilisant les moyens à votre disposition, en vous fondant sur votre savoir, vous êtes à même d'entamer le travail sur la première de vos priorités, de rechercher des résultats concrets au moyen d'actes concrets.

La vie est un processus dominé par l'impulsion : si votre impulsion va vers une mauvaise direction, elle s'accélère et s'intensifie pour aller droit au désastre ; si, au contraire, vous faites tout pour la conduire vers une bonne direction, alors les mesures que vous prendrez, qu'elles soient ou non importantes, se révéleront positives, entraînant avec elles d'autres décisions, jusqu'à former un ensemble capable de transformer votre vie. C'est en vous que résident – et qu'ont toujours résidé – les outils et les éléments nécessaires à l'élaboration d'une stratégie ; vous faisaient simplement défaut la prise de conscience, le savoir-faire, la concentration et la lucidité. Vous les possédez maintenant, de même que l'intelligence, la motivation et le sentiment d'urgence. Mais votre formation n'est pas entièrement terminée, il vous reste une dernière marche à gravir : amusante, stimulante et essentielle, cette étape consiste à savoir comment faire les choses, elle définit votre approche de l'existence en général, des difficultés et des défis en particulier. À l'instar de tous les domaines de votre vie, vous choisissez l'état d'esprit, l'énergie et l'attitude avec lesquels vous construisez votre stratégie. Ce dernier chapitre, qui constitue donc votre préparation finale, vous offre l'occasion d'acquérir encore quelques notions importantes, telles que :

- Comment trouver votre « formule », comment tenir ce rôle de gagnant qui n'appartient qu'à vous, qui sera à l'image de votre vie.
- Comment utiliser les succès et les échecs au sein de votre stratégie personnelle.
- Les dénominateurs communs de tous les gagnants, issus de toutes les classes sociales, sont : leur stratégie, leurs caractéristiques, leur comportement.

La formule gagnante

Vous êtes unique et vous le serez toujours sur cette planète, avons-nous vu au chapitre XII. Chacun possède sa propre personnalité, sa propre conduite, son propre rapport au monde, chacun a sa propre façon d'obtenir des résultats. Votre tâche consiste à découvrir et à définir votre formule afin de savourer le meilleur de la vie. Cette formule vous est personnelle et ne concerne que vous, nul besoin de la fonder sur un quelconque sens commun ni à partir d'une norme quelconque – et c'est très bien ainsi.

Alors, quelle est votre formule ? Quels sont les sentiments, les attitudes, les comportements, les traits qui vous permettent de faire des prouesses, d'être au mieux de votre forme ? C'est cela qu'il vous faudra repérer, comme c'est le cas pour les athlètes qui doivent trouver leur rythme et leurs marques sous peine de voir leurs performances s'effondrer. Ce qui fonctionne pour un athlète peut rendre vains les efforts d'un autre. La différence existant entre Pete Sampras et John McEnroe est à cet égard édifiante : tandis que le premier est réfléchi, réservé, d'une force tranquille, semblant toujours calme même sous pression, le second a un jeu tendu, agressif, nerveux, considéré par certains comme totalement insensé, non maîtrisé. Ce style ne conviendrait sans doute à aucune autre personne, pourtant il marche, il est celui de McEnroe, qui ne joue jamais aussi bien que lorsqu'il attaque son adversaire avec férocité.

Demander à Sampras d'adopter l'attitude de McEnroe serait absurde : s'il se mettait à lancer violemment sa raquette ou à insulter l'arbitre, il perdrait tout contrôle, toute concentration et deviendrait mauvais. De la même façon, exiger de McEnroe qu'il contienne ses émotions, qu'il conserve son calme en toutes circonstances l'inhiberait et lui ferait perdre une grande part de sa combativité. Chacun de ces professionnels possède sa propre formule pour optimiser ses résultats. Il en va de même pour vous : concentrez tous vos efforts pour découvrir votre formule gagnante. En plus de cela, vous devez décider que vous le valez, vous devez vous autoriser à être qui vous êtes et comme vous êtes – pourvu que cela n'entame pas la dignité et le respect d'autrui. Réclamez le droit d'être différent, d'être vous-même, sinon l'ensemble de votre apprentissage sera gâché. Et ne vous laissez jamais intimider par qui vous en empêcherait.

Alors, quelle est votre formule ? Atteignez-vous votre sommet quand vous êtes sûr de vous, un peu arrogant, ou bien quand vous conservez le silence ? Marchez-vous à l'énergie pure ? Votre style, c'est l'organisation et l'endurance ? Vous réussissez mieux comme dirigeant ou comme aficionado ? Votre attitude préférée est-elle positive, accueillante ou au contraire sceptique ? Affectionnez-vous la solitude ? plutôt le travail d'équipe ? Quelle qu'elle soit, trouvez et assumez votre formule.

Il faut savoir tirer la leçon de ses erreurs, dit-on souvent. Cet énoncé est des plus sages et se révèle parfaitement vrai car si vous abordez une situation d'une manière inappropriée, vous devrez en prendre note et éliminer cette conduite. Les gens qui persistent dans un comportement inefficace m'étonneront toujours : ils se cognent la tête contre le mur, encore et encore, ne semblant s'apercevoir de rien. Je leur pose souvent cette simple question : « Vous devez bien voir que ce que vous faites ne marche pas, quelles qu'en soient les modalités. Voulez-vous me dire pourquoi vous insistez ainsi ? » Presque invariablement, la réponse est : « Eh bien, je suis comme ça. J'agis de cette manière parce que je suis comme ça. » Mais à quoi pensent-ils donc ? Quelle sorte de stratégie appliquent-ils ? Une stratégie pour perdant, pour quelqu'un qui est coincé dans sa propre rigidité, persuadé d'avoir raison et tellement prisonnier de sa vie qu'il préfère échouer plutôt que d'apprendre, tellement piégé qu'il préfère accuser les autres de ses propres échecs plutôt que d'admettre que sa conduite est nulle et non avenue. En refusant de comprendre ses fautes, il n'ira jamais dans la bonne direction. Regardez toujours vos erreurs en face, examinez-les tranquillement, repérez ce qui n'a pas marché et vous ne les répéterez plus.

Il faut savoir tirer la leçon de ses erreurs mais aussi de ses succès ; étudiez-les avec la même énergie et la même minutie que précédemment. Tandis que vous analysiez les aspects négatifs de votre vie – c'était le mauvais côté de la chose –, il vous faut maintenant en évaluer les aspects positifs et reconnaître que, lorsque des événements agréables surviennent, c'est vous qui les avez provoqués. Je ne crois ni à la chance ni au hasard, je crois à la force de votre intervention, au choix judicieux d'une conduite qui engendre les résultats désirés. Examiner vos succès, c'est en comprendre les ressorts. Par exemple, une relation vous procure un grand bonheur : elle mérite donc toute votre attention afin d'en saisir, avec finesse mais sans outrance, les conditions et les modalités. Témoignez-vous d'une attitude différente dans d'autres interactions ? Si oui, en quoi ? Cette relation prime-t-elle sur tout le reste ? Vous investissez-vous donc davantage ? Y accordez-vous plus de temps, plus d'énergie que dans d'autres relations ? Recevez-vous des réponses gratifiantes que vous ne recevez nulle part ailleurs ? En quoi cette relation est-elle particulière ? Que possède-t-elle de si enrichissant ?

En analysant ce type de succès, vous serez en mesure de discerner puis de répéter le comportement qui est à la source de résultats positifs. Considérez-vous que la franchise et l'honnêteté dominent votre relation ? Si vous en prenez conscience, vous pourrez retrouver ces caractéristiques. Vous sentez-vous accepté tel que vous êtes, respecté ? Si tel est le cas, vous pourrez à l'avenir rechercher des relations qui offrent de tels sentiments. Que ce soit votre relation amoureuse, votre emploi, un sport, la résolution de vos problèmes, votre santé ou votre gestion personnelle, certains domaines de votre vie marchent bien : comprenez-en les raisons afin de continuer à en jouir.

EXERCICE N° 18

Référez-vous au tableau de la page 208 pour stimuler votre réflexion. Quels sont les éléments parmi les cinq domaines de votre vie qui marchent bien ? Si vous avez déjà réussi, vous pouvez le refaire.

En plus d'étudier vos propres succès, il serait salutaire de prendre modèle sur les stratégies gagnantes des autres : n'hésitez pas à en observer les spécificités et, au besoin, à les intégrer à votre propre stratégie. Il ne s'agit pas d'imiter servilement quelqu'un que vous admirez mais d'analyser son comportement, de comprendre pourquoi et comment il obtient ce qu'il veut. En ce qui me concerne, étudier la réussite des autres m'a toujours fasciné, et cela dès mon enfance ; ce fut pour moi une simple curiosité qui se transforma ensuite en une véritable passion. Quand je pratiquais un sport, je m'intéressais aux scores des meilleures équipes et je voulais savoir *pourquoi* elles réussissaient. Au niveau professionnel par exemple, je savais que l'écart entre un joueur arrivé au sommet de l'échelle et un autre placé encore très bas était infime ; je savais aussi que les vedettes riches à milliards ne courent pas plus vite, ne sautent pas plus haut et n'accomplissent pas des exploits véritablement supérieurs à ceux qui peinent à intégrer une équipe ; je savais qu'il devait bien exister une différence entre eux et je cherchais à la définir.

Quels sont les gens qui suscitent votre admiration ? Est-ce un collègue, un supérieur hiérarchique ? une personnalité de renommée internationale que vous connaissez par les médias ou par les livres ? un membre de votre famille ? Tentez d'analyser la formule qui le conduit au succès. Untel a-t-il adopté une philosophie semblant être la cause de cette réussite ? Possède-t-il une manière d'entrer en relation, de résoudre les problèmes qui le distingue des autres ? Témoigne-t-il d'une éthique, d'une déontologie, d'une force d'engagement admirables ? Prend-il des risques pour parvenir à ses fins ? Quelles que soient ces caractéristiques, il vous sera très utile de les déterminer.

Après avoir passé mon existence à analyser la réussite et ses facteurs, je suis à même de vous donner une idée de ce que vous découvrirez en étudiant les gagnants ; pendant les longues années durant lesquelles j'ai disséqué des histoires de succès, je me suis rendu compte que cela n'était jamais soumis aux lois du hasard. Si quelqu'un réussit dans le domaine financier par exemple, c'est qu'il possède des similitudes avec les champions sportifs ou les stars. Ceux qui réussissent toujours ne sont pas chanceux mais ils génèrent cette réussite : ils accomplissent des actes remarquables et remarqués par le monde qui, alors, les gratifie. Si leurs objectifs et leurs stratégies leur sont propres, ils révèlent toutefois un point commun. Et ce point commun, indispensable à qui veut entreprendre, c'est de réunir certaines conditions. Examinons ensemble les dix principales caractéristiques que possèdent les gagnants, elles sont accessibles à tous et seront les condiments qui donneront du goût à votre stratégie de vie. Soyez très attentif car ce sont elles qui feront la différence.

1. Voir très loin

Les gens qui réussissent toujours ont ce qu'ils veulent parce qu'ils savent ce qu'ils veulent. Ils visualisent leur désir, ils le ressentent et le vivent au plus profond d'eux-mêmes ; ils l'imaginent parfaitement, sont capables de se projeter dans l'avenir et d'en faire une description minutieuse. Tandis que la plupart des gens hésitent à s'enthousiasmer devant l'objet de leur désir – craignant que cela n'attire la malchance ou par peur de la déception –, les gagnants ne se laissent jamais décourager et prennent le risque d'être passionnés : ils vous raconteront leur victoire dans tous les détails. Car ils savent ce qu'ils ressentiront et en quoi cette victoire changera leur vie. Ils ont une bonne étoile qui leur indique le chemin, ils la voient.

2. Posséder une stratégie

Les gens qui réussissent toujours possèdent une stratégie définie et éprouvée. Ils ont établi un itinéraire, un tableau d'évolution et un calendrier. Ils savent quoi faire, quand le faire et selon quel ordre. Et, chose importante, ils notent leur stratégie par écrit : vous les verrez toujours munis de dossiers qui constituent l'ancrage de leur organisation. Leur stratégie comprend l'évaluation des atouts qu'ils ont en main et l'analyse des obstacles ; associée à une vision précise des objectifs à atteindre, elle leur permet de rester dans la bonne direction. Ils ne s'aventurent jamais dans des chemins de traverse car ces derniers ne figurent pas sur leur carte, tout simplement. Les yeux fixés sur leur étoile, ils écartent toute alternative qui les éloignerait de leur but.

3. Être passionné

Les gens qui réussissent toujours jouent le jeu, passionnément. Ils sont enthousiasmés par ce qu'ils font, ils en retirent beaucoup d'énergie, ils s'investissent à fond dans la poursuite de leurs objectifs. Pour eux, ce n'est pas du travail, ce n'est pas épuisant, c'est intéressant et amusant. Le soir, ils partent se coucher à contrecœur ; dès le lever du jour, ils sautent hors du lit pour reprendre leur tâche. Leur passion et leur enthousiasme débordant sont contagieux.

4. Voir la réalité en face

Les gens qui réussissent toujours n'ont pas fait de place au déni de la réalité. Ils se disent les choses telles qu'elles sont et en font part aux autres, ils ont le sens critique, ne se leurrent pas et se donnent des défis élevés mais réalistes. Face à des réactions plus ou moins flatteuses, ils ne sont pas immédiatement sur la défensive et décèlent de la valeur dans chaque information. Ils se connaissent eux-mêmes et, sur ce savoir, bâtissent leur vie. Ils affrontent la vérité, sachant qu'elle seule leur permettra d'atteindre leurs objectifs. « Si je sais où est le problème, je peux m'y attaquer. Si je l'ignore, je ne peux pas le résoudre », telle est leur devise.

5. Être souple

Les gens qui réussissent toujours savent que la vie n'est pas un voyage d'agrément. Ils savent que les plans les mieux établis doivent parfois être modifiés. Ils ne s'arrêtent pas à la rigidité d'un comportement ou d'un modèle de pensée unique mais restent ouverts à toute proposition, envisagent toute nouvelle alternative. Si A marche, ils font A ; si B marche, ils font B. Ils plient mais ne rompent pas. Et parce qu'ils attachent plus d'importance aux résultats qu'à leur ego ou à leurs intentions, ils sont toujours prêts à reconnaître leurs torts et à repartir à zéro.

6. Prendre des risques

Les gens qui réussissent toujours prennent délibérément des risques. Loin de signifier qu'ils sont imprudents, qu'ils se mettent en danger de manière inconsidérée, cela veut dire qu'ils consentent à quitter leur petit confort pour des tentatives nouvelles, qu'ils affronteront l'inconnu afin d'obtenir davantage, qu'ils considèrent leur vie présente insatisfaisante. Au risque de subir une forte pression, au risque de l'échec.

7. S'entourer d'alliés

Les gens qui réussissent toujours ne sont pas solitaires. Ils savent s'entourer de gens qui concourent à leur réussite ; ils savent que, dans la vie, nous construisons autour de nous un cercle de relations bénéfiques. Ils nouent des liens avec des personnes dotées de talents, de savoir-faire qu'eux-mêmes ne possèdent pas ; ils leur portent assez d'estime pour le reconnaître, pour dire la vérité. Former un cercle de gens de confiance et d'alliés est crucial, et les gagnants le constituent en donnant autant qu'ils reçoivent. Ils font aussi partie de cercles réalisés par d'autres.

8. Agir

Les gens qui réussissent toujours mènent des actions importantes, constructives, réfléchies. Ils ne passent pas leur temps à refaire le monde sans jamais rien effectuer. Parce qu'ils ne craignent pas le risque, ils font preuve de détermination, prennent des décisions, agissent et se tiennent à ce qu'ils font. Si leurs actions échouent, ils ne se découragent pas, persistent, recommencent, car ils savent que le monde ne récompense pas facilement les efforts. S'ils atteignent leurs objectifs du premier coup, très bien ; s'ils doivent s'y reprendre à dix fois, ce n'est pas grave.

9. Définir des priorités

Les gens qui réussissent toujours ont décidé d'une hiérarchie et de priorités. Ils définissent des priorités et les respectent : ils s'engagent à bien gérer leur temps de façon à établir des priorités – absolue, élevée, moyenne ou faible ; s'ils se rendent compte, au beau milieu de la journée, qu'ils ont dévié, ils s'arrêtent et reprennent la bonne direction. Ils choisissent leurs priorités avec une grande minutie parce que l'ensemble de leur existence s'organise autour d'elles. Ils ne cherchent pas à emprunter de petits sentiers et, avant d'entreprendre une nouvelle tâche, ils se concentrent sur l'essentiel.

10. Gérer sa vie

Même si les neuf premières caractéristiques sous-tendaient cette notion de gestion personnelle, celle-ci est spécifique. Les gens qui réussissent toujours prennent soin de leur personne et en ont pleinement conscience. Ils savent qu'ils constituent leur principal atout pour réussir, s'occupent donc de leur santé mentale, affective, physique et spirituelle pour maintenir un équilibre. Ils ne sont pas consumés par une passion particulière, ne sont pas obnubilés au point d'en oublier le reste de leur existence ; au contraire, ils concentrent également leur énergie dans l'exercice, le divertissement et la famille. Vous ne les verrez jamais languir dans un emploi ou au sein d'une relation pénible : soit ils décident de résoudre leurs problèmes de toute urgence, soit ils se retirent immédiatement. Car ils ne se détruiront pas. Ils prennent soin de leur personne parce qu'ils sont la monture qui leur permettra de chevaucher jusqu'à la ligne d'arrivée.

Désormais, il vous reste à étudier et à assimiler ces dix éléments clés que l'on trouve chez un gagnant : qu'il s'agisse d'un champion du monde ou du curé de votre paroisse, ils sont là, au cœur de leur stratégie de vie, je vous l'assure. Ne soyez pas intimidé par toutes ces qualités car elles ne sont pas réservées aux seules vedettes : ces dernières sont comme vous, tout simplement, et si elles sont devenues célèbres, c'est parce que vous en avez décidé ainsi. Vous retrouverez ces caractéristiques aussi bien chez des enseignants, des infirmières, des employés de bureau ou des chanteurs d'opéra. Et vous les retrouverez chez vous. Comme moi.

Je vis avec une championne de niveau international. Robin, mon épouse depuis maintenant vingt-deux ans, vit sa vie tranquillement, de manière tout à fait anonyme, et témoigne des mêmes qualités, de la même détermination qu'un Michael Jordan ; Robin est au moins aussi bonne que ce champion. La seule et unique différence, c'est que Michael Jordan évolue devant des millions de spectateurs tandis que Robin évolue dans la sphère privée – devant moi et ses deux fils. Elle n'est jamais passée à la télévision, elle n'a jamais participé à un championnat mais ses actes comportent une dimension proprement héroïque, j'en suis le témoin.

À propos des champions du monde, on dit qu'ils parviennent à puiser tout ce qu'il leur reste d'énergie pour les dernières minutes du jeu. J'ai vu mon épouse se relever et rassembler toutes ses forces, je l'ai vue aller chercher en elle le courage nécessaire pour soigner son père, dans un terrible combat contre le cancer, jusqu'à la fin de ses jours ; malgré sa souffrance et malgré sa fatigue, elle veilla plus de trois jours durant, sans une plainte, au chevet de notre premier enfant atteint d'une méningite très grave.

Elle est une mère et une épouse, et elle remplit ces rôles avec passion et engagement. Bien qu'elle mesure un mètre soixante et pèse cinquante-sept kilos, il vous en cuirait si vous vous en preniez à l'un de ses fils – elle attaquerait un ours. Les mots « renoncement » et « lassitude » n'appartiennent pas à son vocabulaire. Cette femme est une gagnante, c'est une championne, et même si personne ne lui décerne une médaille ni ne lui demande un entretien, elle joue le match avec la même passion, avec la même ferveur et la même intensité que n'importe quel joueur international. À l'instar de Michael Jordan qui est le cœur et l'âme de son équipe, Robin est le cœur et l'âme de sa famille, restant égale à elle-même, quels que soient les problèmes. Elle a élaboré une stratégie, elle voit très loin pour nos deux fils. Elle prend soin d'elle afin de prendre soin de sa famille. Elle a su créer un environnement affectueux, chaleureux et propice à une bonne éducation, donc au succès.

Telles sont les caractéristiques des champions. Dans votre vie, au jour le jour, sachez les reconnaître, là, tout près de vous. Et si vous ne les avez pas repérés, sans doute est-ce parce que vous ne savez pas les voir : ils n'en restent pas moins des champions. Nous pouvons tous en devenir un : voilà ce qu'il vous faut rechercher. Et, surtout, ne laissez jamais personne prétendre le contraire – nul besoin de projecteurs, de caméras ni de journalistes pour être le champion de votre vie. Prenez le temps de vous observer, d'observer autour de vous : peut-être êtes-vous plus près du but que vous ne l'imaginez.

Afin de vous convaincre encore que cela existe bien au quotidien, après vous avoir parlé de Robin, laissez-moi vous parler d'Andy. L'un de mes plus proches associés et l'un de mes meilleurs amis, Bill Dawson, nous engagea, mon cabinet et moi, dans une lutte corporatiste qui avait pris, en Californie, des proportions hallucinantes. Nous représentions plusieurs compagnies et l'enjeu était d'un milliard de dollars ; le procès dura plus de cinq mois et la vie à l'hôtel, épuisante, était loin de nous mettre dans de bonnes conditions. Principal conseiller dans cette affaire, Bill Dawson est l'un des meilleurs avocats des États-Unis. Quand il prend en charge un dossier, il travaille sans relâche pour être mieux préparé que la partie adverse, organisant de nombreuses réunions avant les audiences, pendant les audiences et, de nouveau, avant la prochaine audience, qui peuvent durer jusqu'au petit matin.

Dans la ville où nous étions, les transports étaient un véritable cauchemar. Je rencontrai Andy lors de ma première nuit : il m'embarqua dans son taxi peu après minuit et, de l'aéroport, me conduisit à mon hôtel. J'ai beaucoup roulé en taxi et en de nombreux endroits ; si certains sont corrects, la plupart d'entre eux ne le sont pas vraiment et tous sentent mauvais. À la minute où j'entrai dans sa voiture, je sus que c'était différent : malgré l'heure tardive, le taxi était d'une propreté irréprochable, de même qu'Andy, aux vêtements très soignés ; sur la banquette arrière étaient pliés plusieurs exemplaires du journal local, *USA Today*, ainsi que *The Wallstreet Journal* – même s'ils avaient déjà été feuilletés au moins une dizaine de fois, chaque page était à sa place. Nul doute dans mon esprit : Andy était fier de ce qu'il faisait et de la façon dont il le faisait et, si sa syntaxe n'était pas parfaite et sa chemise un peu défraîchie, il pouvait être très fier de son apparence.

Le lendemain, je pris trois ou quatre taxis différents qui, tous, me donnèrent l'envie d'aller laver mes habits. Alors, je retrouvai ma fiche et j'appelai Andy, en lui expliquant que six ou huit personnes de mon équipe auraient besoin de ses services pour circuler régulièrement dans la ville et, dans les prochains mois, pour faire des aller-retour à l'aéroport. Je demandai à Andy s'il accepterait de s'en charger pendant notre séjour. Heureusement, il dit oui. Durant les quatre mois et demi qui suivirent, j'appris à connaître un homme simple, ayant peu de moyens à sa disposition mais qui avait, passionnément, un projet de vie. Andy s'occupa de nous : il arriva en avance non pas de temps en temps mais à chaque fois ; il chargea parfois certains de mes collaborateurs à six heures du matin et venait quand même me chercher à l'aéroport à minuit passé. Il était toujours soigné, son taxi était toujours propre. C'était un professionnel, pleinement investi dans son travail.

Lors de mes différents déplacements, Andy me fit part de sa philosophie : si vous faites bien les choses et si vous travaillez durement, vous serez récompensé. Il m'expliqua que son objectif était de posséder, d'ici à cinq ans, sa propre compagnie de taxis. Sans nul doute, Andy était très motivé. Un vendredi soir, il me conduisit à l'aéroport ; mon vol étant retardé du fait de mauvaises conditions météorologiques, il me proposa pendant ce temps de regarder son dossier ; Andy n'était pas pressé, il ne partirait pas tant que je ne n'aurais pas pris mon avion, tant que je n'aurais plus besoin de lui. Très intrigué de voir ce que cet homme obligeant mais de peu d'instruction avait élaboré, j'acceptai. Je fus abasourdi. Son plan était écrit à la main, mal rédigé mais très sensé : il avait défini tous les critères permettant d'atteindre les résultats visés. Andy avait un plan. Et, cette année-là, il fit aussi partie de la logistique mise en place pour l'une des plus grandes affaires judiciaires des États-Unis ; il nous a soutenus, mon équipe et moi, les témoins et les avocats, d'une façon précise, efficace, professionnelle. On voyait bien qu'il en était fier ; tous les jours, il suivait le déroulement du procès dans les journaux et devint très au fait.

Lors de ma dernière journée, Andy me conduisit à l'aéroport et me demanda la permission de m'accompagner jusqu'à la porte d'embarquement. Il s'adressa à moi : « Je voudrais vous remercier de m'avoir laissé participer à cette affaire car je sens que j'ai apporté quelque chose. J'ai aussi beaucoup appris et, si je ne vous revois pas, je voudrais vous dire encore merci de m'avoir donné cette chance. »

Quelle classe ! À mon tour, je remerciai Andy pour son aide et l'assurai que je croyais en lui : son plan était bon, il allait marcher, j'en étais convaincu. Andy voyait loin et avait en lui tant de passion.

Grâce à Dieu il existe des gens comme Andy – et sans des gens comme lui, ceux qui croient être des personnes si importantes auraient de gros ennuis. En m'asseyant dans l'avion qui me ramenait chez moi, je pensais plus à lui qu'à l'affaire en cours : dans son domaine, Andy était au moins aussi bon que je pouvais l'être dans le mien, il était un champion et un gagnant, il était fier de sa situation et, quoi qu'il entreprenne, il aurait du succès. Les membres du Parlement, l'Amérique corporatiste avaient beaucoup à apprendre de lui, j'en suis convaincu.

Je pourrais vous fournir de nombreux exemples de ce type mais je pense que vous avez entendu le message : où que vous soyez, quoi que vous fassiez, quel que soit votre niveau d'études, en respectant les lois de la vie et en assimilant les éléments clés d'une formule gagnante, vous réussirez, à votre tour vous serez un gagnant. Le choix est entre vos mains.

Remerciements

Je remercie Oprah d'avoir éveillé en moi, avec tant d'intelligence et de passion, le désir et la force nécessaires pour transmettre aux autres ce que je crois. Sans elle, il n'y aurait pas eu de *Stratégies de vie* ; cela aurait constitué pour moi une véritable tragédie, car je n'aurais jamais connu l'immense bonheur de mener à bien ce projet. Je remercie Oprah d'être aussi attentive, aussi intègre et d'avoir partagé avec moi sa tribune. Aux États-Unis, elle représente aujourd'hui la lumière la plus vive et la voix la plus pure. Je la remercie d'être une amie si chère et si sincère.

Je remercie mon épouse, Robin, pour son soutien permanent tout au long de nos vingt-deux années de mariage, pour son amour et son encouragement, qu'elle a notamment prodigués lors ce projet. Je la remercie pour le courage qu'elle a de vivre avec trois garçons tout en sachant rester une vraie dame. Je la remercie d'être ce havre où je peux m'abandonner. Elle incarne ce que réussir sa vie signifie.

Je remercie mes fils, Jay et Jordan, pour l'amour et la confiance qu'ils portent à leur père, pour avoir supporté les nuits blanches, les longues heures d'absence et les préoccupations qui ont accompagné ce projet. Leur patience et leurs marques d'encouragement signalent une grande maturité. Je les remercie pour leur sens de l'humour et pour ne jamais avoir permis à leur père d'oublier que le rire est ce qui compte le plus dans la vie.

Je présente mes remerciements les plus sincères à mon ami et collègue Jonathan Leach, un homme de passion et d'engagement. Au cours de ces dernières années, il a témoigné d'une grande affection pour mes enfants ; puis, dans ce projet, Jonathan a mis plus d'ardeur, plus de passion et de sagesse qu'il n'est possible de le dire. Après avoir organisé le flot de mes pensées, Jon s'est investi pleinement dans ce projet et dans le contenu de l'ouvrage : je le remercie vivement d'avoir passé ces longues soirées au cours desquelles il m'a aidé à transformer un concept en livre. Sans lui, je n'y serais jamais parvenu.

Je remercie Gary Dobbs, mon associé, mon meilleur ami et le parrain de mes enfants, pour le soutien et l'encouragement qu'il m'offre dans toutes mes entreprises. Depuis quelque vingt années, son honnêteté et sa franchise ont été décisives pour moi. Peu importe ce que je fais, il est toujours avec moi.

Je remercie mon assistante, Tami Galloway, d'avoir pris en charge la logistique de ce projet et d'avoir témoigné d'une détermination à toute épreuve. Je la remercie de son entière disponibilité. Merci également à Mélodi Gregg et à Kimberly Rinehart pour leur aide précieuse dans la transcription et la préparation du manuscrit.

Je remercie ma mère et mes trois sœurs d'avoir toujours su me convaincre que je n'étais pas seulement l'unique garçon de la famille mais que j'étais aussi une personne unique. Je remercie mon défunt père d'avoir été un homme passionné, avisé, et de m'avoir appris à me dépasser. Je remercie Scott Madsen d'avoir été toujours là.

Merci à Bill Dawson, Chip Babcock, Jan et Steve Davidson, et à Paul Vishnesky pour l'amitié, la loyauté et la persévérance dont ils ont fait montre dans la lecture des premières versions du manuscrit. Merci également à Hal Zina Bennett pour sa contribution éditoriale lors de l'esquisse des premiers chapitres.

Je remercie les milliers de participants aux séminaires qui, en me donnant leur confiance, m'ont permis d'avoir un impact sur leur existence. Je les remercie de m'avoir enseigné tant de choses, de m'avoir appris l'importance qu'il y a de suivre son cœur.

Je remercie Jeff Jacobs pour sa sagesse, son expérience et ses conseils ; il a guidé le néophyte que j'étais dans le dédale d'un tel projet. Je le remercie de l'intérêt profond qu'il a porté à ce livre.

Je remercie Bob Miller, des Éditions Hyperion, pour l'enthousiasme et la passion qu'il a témoignés pour ce projet. Je rends hommage à sa connaissance du monde de l'édition qui lui permis de mener la réalisation de cet ouvrage en un temps record. Je remercie également Leslie Wells, d'Hyperion, pour sa patience et sa précision dans l'édition de ce texte ainsi que pour ses précieux conseils. Son enthousiasme et son dynamisme ont constitué pour moi un encouragement de tous les instants. Une vraie bouffée d'air frais.

IMPRIMÉ EN ALLEMAGNE PAR GGP MEDIA GMBH

pour le compte des
Nouvelles Éditions Marabout
D.L. Décembre 2010
ISBN : 978-2-501-05314-3
40.8536.1/05